양심을
지킨
사람들

교과서가 들려주지 않는
양심을 지킨 사람들

초판 1쇄 발행 2016년 2월 19일
초판 8쇄 발행 2022년 9월 15일

지은이 김형민

펴낸이 김한청
기획편집 원경은 김지연 차언조 양희우 유자영 김병수 장주희
마케팅 최지애 현승원
디자인 이성아 박다애
운영 최원준 설채린

펴낸곳 도서출판 다른
출판등록 2004년 9월 2일 제2013-000194호
주소 서울시 마포구 양화로 64 서교제일빌딩 902호
전화 02-3143-6478
팩스 02-3143-6479
블로그 blog.naver.com/darun_pub
인스타그램 @darunpublishers
이메일 khc15968@hanmail.net
ISBN 979-11-5633-070-7 (43910)

교과서가 들려주지 않는

양심을
지킨
사람들

김형민 지음

다른

만끽하라, 양심이 떨리는 순간을

권석천 《정의를 부탁해》 저자

아무리 생각해도 양심을 지키며 산다는 건 남는 장사가 아니다. 더구나 양심을 지키느냐, 마느냐 결정적 갈림길에 서는 때는 평생에 두세 번뿐이다. 양심을 잠시 외면하면 '건전한 국민'으로 살아갈 수 있다. 때로는 양심을 지키지 않을 때 부(富)와 귀(貴)라는 보상이 주어지기도 한다.

나는 《양심을 지킨 사람들》에 등장하는 인물들의 선택 하나하나를 곱씹고 되물었다. 그들은 왜 그때 그런 선택을 해야만 했을까. 만약 내가 그 자리에 있었다면 그들처럼 말하고 행동할 수 있었을까. 그들이 양심을 선택하는 과정은 결코 순탄하거나 순조롭지 않았다. 저자 김형민은 그 선택의 순간들을 손에 잡힐 듯 생생하게 그리고 있다.

양심을 지킨 역사 속 인물들은 저마다 다른 시대, 다른 자리, 다른 상황에서 자신의 양심과 대면해야 했다. 검군과 김성기와 이섭진과 박종철은 '거부하는 양심'이라 이름 붙일 수 있다. 검군은 나라의 구휼미와 군량미를 빼돌려 자신들의 가족을 먹이자는 동료들의 요구를 거절하고 목숨을 잃었다. 가객 김성기는 권력 실세의 부름에 순응하지 않았고, 경찰 이섭진은 국민보도연맹원을 모두 죽이라는 상부의 지시를 받아들이지 않았다. 대학생 박종철은 물고문을 당하면서도 수배 중인 선배의 행방을 말하지 않았다. 외부의 요구를 수동적으로 받아들이기만 하면 되는 상황이었지만 그들은 그렇게 하지 않았다.

김처선과 장준하는 '직언하는 양심'이다. 환관 김처선은 폭군에게 죽음으로 경고했고, 지사 장준하는 불의한 정권에 잡지 《사상계》로 경고했다. 모두가 침묵할 때 '아닌 건 아니다'라고 말하며 스스로의 삶을 불사른 것이다. 또 곽재우와 황진, 이준과 남자현은 우리에게 '나라 사랑하는 양심'이란 무엇인지 보여 준다. 의병장 곽재우와 충청도 병마절도사 황진은 진주성 앞에서 갈라서지만 나라를 지키는 마음은 다르지 않았다. 이준과 남자현은 독립을 위한 전쟁을 하다가 각각 헤이그 특사, 만주 투사로 숨을 거둔다. 같은 길을 가면서도 서로 다른 방법으로 양심의 횃불을 들었던 사람들이다.

강상호와 조영래는 '친구가 되어 주는 양심'이다. 형평사 사장 강상호는 양반이라는 신분을 스스로 내놓고 백정들의 동지가 되었고, 변호사 조영래는 노동운동가, 공해병 피해자, 성고문 피해자의 친구로 나섰다. 소외된 자들의 친구가 된다는 건 안온한 삶을 포기한다는 뜻이고, 가슴속 무언가가 부당한 현실을 '남의 일'로 넘겨 버릴 수 없게 만들었다는 뜻이다. 이문옥과 이지문과 한준수는 '선언하는 양심'이다. 감사관으로, 육군 중위로, 군수로 일하며 자신이 목격한 불의를 고발한 그들은 자리에서 쫓겨나거나 구속되거나 배신자로 낙인찍힌다. 이들의 내부 고

양심을 지킨 사람들

발은 견고한 악의 축을 뒤흔든다.

이렇게 양심의 선구자들이 부당한 권력에 맞서고, 직언하고, 누군가의 친구가 되어 주고, 양심선언을 하면서 역사는 전진해 왔다. 그러나 부끄럽게도 "나도 그렇게 할 수 있다."고 말할 자신은 없다. 당장 가족들의 얼굴이 떠오른다. '내게 무슨 일이 생기면 우리 가족은 어쩌지?' 하는 생각이 앞선다. 아니, 가족도 핑계인지 모른다. 결국 나 자신의 안위가 걱정되고 불안한 것이다.

우리는 제각각의 이유로 약한 존재다. 그럼에도 내가 희망을 거는 까닭은 우리가 양심을 가지고 있다는 사실에 있다. 양심을 지키든, 지키지 못하든 누구나 가슴에는 양심이 있다. 그리고 한번 깨어난 양심은 다른 양심을 고무하고 선동한다. 의로운 청년 박종철의 죽음으로 피어오른 양심의 불꽃은 신문 기자, 의사, 부검의, 교도관, 추기경의 양심으로 옮겨붙어 독재정권을 순식간에 무력화했다. 모두의 양심이 깨어나는 때가 바로 사회가, 시대가, 역사가 바뀌는 순간이다.

나는 독자들이 이 책을 읽으며 양심이 살아나는 순간의 괴로움을 만끽하기를 바란다. 그 고통은 청소년을 비롯한 젊은 세대에겐 예방접종의 기능을 할 것이고, 기성세대에겐 잊고 있던 양심의 감각을 되살려 주는 계기가 될 것이다. 더 많은 이들이 양심의 떨림을 느낄 때 우리는 양심을 지키며 살아도 행복한 나라, 미래의 아이들에게 "살아남으려면 비겁할 수밖에 없었다."고 변명하지 않아도 되는 사회로 나아갈 수 있다. 양심의 미로 속에서 살아갈 우리에게 이 책은 양심을 지키며 지혜롭게 사는 길을 알려 줄 것이다. 그다음 선택은 독자 여러분의 몫이다.

차례

머리말

"뭘 하든 중간만 가라."

"모난 돌이 정 맞는다."

"좋은 게 좋은 거다. 세상은 둥글둥글 사는 게 제일이다."

이 땅에서 자라면서 귓전이 마르고 닳도록 들은 충고들이다. 딴에는 맞는 말이다. 1등은 괴롭고 꼴찌는 창피하니 일단 창피도 면하고 올라갈 목표도 있는 '중간'이 아늑한 법이고, 쓸데없이 날을 세우는 건 피곤한 일이며, 각진 사람들끼리 쿵쿵 부딪치며 상처 입는 것보다는 둥글둥글하게 서로 부비며 살아가는 게 좋을 수 있다. 하지만 우리는 안다. 저 말들이 비겁함을 정당화하는 방패가 되고, 비겁하지 않은 사람들의 목에 드리우는 올가미가 되어 왔음을.

불의는 의롭지 않음이 아니라 의롭고자 하는 노력의 포기에서 싹트고, 부패란 고인 물에서 발생하며, 부정(不正)은 바르지 않은 것을 바르다고 우기는 억지에서 비롯된다. 우리 삶과 역사에 깊게, 그리고 두껍게 드리워진 어둠이란 사실 우리가 일상적으로 주고받는 '삶의 지혜'와 맞닿아 있다. "조금만 비겁하면 인생이 즐겁다."고 어느 개그맨이 이야기했지만 실상은 평균 이상 비겁해야 인생이 즐겁다. 막강한 불의 앞에서 "이건 아닙니다."라고 이야기하는 용기는 팔자를 망치며, 썩은 내 진동하는 부패 앞에서 깔끔을 떨다가는 "유별나다."는 욕설을 들어 먹기 일쑤고, 눈앞에 펼쳐지는 부정에 눈을 부라리면 "까칠하다."는 비난에 직면한다. 그럼에도 양심적으로 행동하면 "미련하다."고 욕먹는다.

이 책에 나오는 이들은 바로 '미련한' 사람들이다. 눈 한번 질끈 감으면 중간은 가고도 남고 둥글둥글한 돌이 되면 승승장구할 능력을 가졌음에도 굳이 모난 돌이 되기를 선택한 사람들, 그로 인해 피해를 입으면서도 자신의 뜻을 굽히지 않은 사람들이 이 책의 주인공이다.

그들도 타고난 용기와 성품을 지닌 사람들은 아니다. 보통 사람처럼 겁도 내고 실수도 저지르고 때로는 불끈하는 마음을 누르기도 하면서 평범하게 살아간 사람들이다. 그러나 그들은 결정적인 순간에 양심을 지키며 자신을 내던졌고, 역사라는 이름의 진흙탕에 피어난 연꽃으로 남는다. 그들은 역사를 주도하지는 못했지만 역사를 아름답게 만들었고, 눈을 돌려 버리고 싶은 진창 같은 세상의 마중물이 되었다. 그들이 있었기에 이 암담한 세상에도 희망이 남아 있는 것 아닐까.

짧게나마 그들과 마주하게 된 행운에 감사한다. 그리고 허구한 날 컴퓨터 앞에서 뭐하는 거냐고 타박을 하면서도 남편 하자는 대로 다 해 주는 아내와 무럭무럭 커 가는 아들과 딸에게 고맙다는 말을 남겨 두고 싶다. 아울러 이 책에 등장하는 모든 인물의 이름을 부르며 역시 감사의 인사를 전하고 싶다. 당신들이 있었기에 우리가 이만큼 살고 있노라고.

01

목숨을 버리고
정의를 지킨 궁정 관리,

검군

검군劍君, ?~628년　신라의 궁정 관리. 628년 대기근이 닥쳤을 때 동료들이 나라의 곡식을 함께 훔쳐 나누자고 했으나 거절했다. 횡령 계획이 탄로날 것을 염려한 동료들에 의해 독살당했다.

"굽은 건 저들이고,
곧은 건 저인데
도리어 도망간다면
장부가 아니지요."

진평왕은 신라 제26대 왕이다. 《삼국사기》에 따르면 그는 신라의 쉰여
섯 임금 가운데 초대 왕 박혁거세를 제외하고 가장 오랜 기간 왕위에 있
었다. 장장 53년. 고려나 조선의 어느 왕보다도 재위 기간이 길다. 장수
했다고 알려진 조선의 영조도 재위가 52년에 그치고 있으니, 진평왕은
실로 기나긴 세월 동안 신라의 왕관을 차지한 셈이다. 그러나 그 기간은
결코 태평성대가 아니었다.

　진평왕의 할아버지 진흥왕은 소백산맥 밑에 웅크려 지내던 약소국
신라를 고구려와 백제에 전혀 꿀리지 않는 강국으로 바꿔 놓았다. 진흥
왕은 백제와 연합하여 한강 중상류 지역에 진출했으며, 동맹을 깨고 백
제를 공격하여 한강 하류까지 손에 넣고는 고구려를 공략, 오늘날의 함
경남도 일부 지역까지 영토를 넓힌 정복 군주다. 서울의 북한산과 경상
남도 창녕, 함경남도 마운령, 황초령에 남아 있는 진흥왕 순수비에서

엿보이는 진흥왕의 의기양양한 모습은 천년을 뛰어넘어 선연하다.

진흥왕은 "자신을 수양하여 백성을 편안케 하고[莫不修己 以安百姓], 짐도 마땅히 몸소 실천하여 태조의 기틀을 우러러 이어[然朕歷數當躬 仰紹太祖之基]"라고 새긴 함경남도 마운령 순수비문에서 스스로를 '짐(朕)', 즉 황제로 일컬으면서 호방함을 과시한다.

"하늘의 은혜를 입어 국운을 크게 열었도다[又蒙天恩 開示運記]!"

그러나 공세가 끝나면 수세가 오고, 오르막이 있으면 내리막이 있는 법. 기세등등하게 한반도의 중심을 틀어쥔 것은 좋았으나 그 때문에 진흥왕 이래 신라는 고구려와 백제의 '공공의 적'이 된다. 한때의 동맹국인 신라에게 뒤통수를 맞았을 뿐만 아니라 신라군의 칼에 국왕(성왕)의 목이 잘리는 치욕을 경험한 백제와, 한때 신라의 상전 노릇을 한 고구려는 끊임없이 신라를 괴롭힌다. 진평왕은 그 소나기 같은 공세를 막느라 전전긍긍하며 반세기를 보낸 불운하고 고단한 왕이다.

고구려의 압박을 견디다 못한 진평왕이 수나라의 황제인 수양제에게 고구려를 쳐 달라고 엎드려 빌었던 것이 이때고, 평강 공주의 남편 온달 장군이 빼앗긴 땅을 찾지 못하면 돌아오지 않겠다며 신라를 친 것도 이때 일이며, 원광법사가 화랑 귀산과 추항에게 세속오계(화랑이 지켜야 하는 다섯 가지 계율)를 전하면서 불제자와는 어울리지 않는 임전무퇴(전쟁에서 물러서지 않음)의 교훈을 내린 것도 진평왕 때의 일이다. 세속오계를 받은 귀산과 추항은 임전무퇴 정신으로 백제군과 싸우다가 전사했고, 진평왕 스스로도 한강 유역을 빼앗기지 않기 위해 몸소 오늘날의 북한산성까지 올라와서 고구려군에 맞서 싸우기도 했다.

이런 세상에 백성들의 삶이 편안했을 리가 없다. 사랑하는 여인의 아버지를 대신해 변방의 군 복무를 대신한 가실과, 돌아오지 않는 가실을 끝까지 기다린 설씨 아가씨의 아름다운 사연을 담은 《삼국사기》〈설씨녀전〉 역시 진평왕의 통치기를 배경으로 한다.

대기근이 들다

전쟁이 계속되는 가운데 가뭄이나 홍수라도 겹치면 백성들의 삶은 그대로 지옥으로 변했다. 627년(진평왕 49년)에도 그랬다. 봄에는 흙비가 내리고 큰 바람이 불어 농민들을 불안하게 하더니 음력 8월에는 이른 서리가 내려 대흉작을 예고했고, 이듬해 봄과 여름에도 심한 가뭄이 들어 "백성들이 굶주려 자식을 팔아"《삼국사기》 생존하는 상황에 이른다. 당시 백제의 왕은 신라의 선화 공주를 아내로 맞았다는 〈서동요〉의 주인공 무왕이었지만, 그는 신라의 위기를 놓치지 않고 신라 국경 곳곳으로 들이닥쳤다. 바야흐로 내우외환(內憂外患). 신라 전역이 혼란에 빠졌다.

대기근의 피해는 심각했다. 백성들은 말할 것도 없고 성골 왕족과 진골 귀족을 제외한 6두품 이하의 신분을 가진 사람들과 벼슬아치들도 배를 곯는 처지가 됐다. 나라의 곡식을 모아 두는 창고인 창예창을 관리하던 관원들도 크게 다르지 않았다. 변방의 봉화가 그칠 줄 모르고 굶어 죽은 백성들의 시신이 거리에 널려 있던 어느 날, 창예창 관원들이 한자

627년 전후 상황

백제 무왕은 재위 42년 동안 무려 열두 번이나 신라를 공격한다. 처음에는 신라가 백제의 공격을 잘 막아 내는 듯했으나, 612년 신라의 요새 가잠성이 함락되면서 백제가 전쟁의 주도권을 잡는다.

624년 백제는 소백산맥을 넘어 서부 경남 지역까지 진출했고 신라는 큰 타격을 받는다. 〈설씨녀전〉에서 사랑하는 설씨녀의 아버지 대신 국경으로 간 가실이가 원래 복무 기간인 3년을 넘기고도 돌아오지 못한 이유는 그를 대신해 싸울 사람이 없었기 때문이었다. 그만큼 신라도 기진맥진한 상태였다.

그런데 627년 백제 무왕은 또 군사를 일으킨다. 신라 변경의 두 성을 함락한 무왕은 기회가 왔다는 듯 웅진에 대군을 집결시킨다. 북진하여 한강 유역을 되찾고 죽은 성왕의 한을 풀려는 것이었다. 견디다 못한 신라 진평왕은 당나라에까지 손을 내민다. 혼자 힘으로 적을 어쩌지 못해 바다 건너 당나라까지 끌어들일 수밖에 없는 위기상황이었다.

군대뿐이 아니었다. 백성들의 삶도 막다른 골목이었다. 《일본서기》에 따르면 628년 "신라 백성들이 많이 귀화해 왔다."고 한다. 전쟁과 배고픔을 견디지 못한 백성들이 바다를 건너 일본으로 탈출했던 것이다. 그야말로 '헬(Hell) 신라'였다고나 할까.

리에 모인다.

아마 처음에는 나라 걱정이 컸을 것이다. 일이 이 지경인데 제 배만 그득 불리고 백성들의 어려움은 외면하는 귀족과 왕족에 대해 분통도 터뜨렸을 것이고, 이웃집 아무개 가족이 간밤에 굶어 죽은 송장으로 발견되었다는 소식을 나누며 슬퍼했을 것이다. 도대체 선화 공주의 남편이라는 저 백제의 왕은 우리를 얼마나 더 괴롭혀야 직성이 풀릴까, 근심도 했을 것이다. 그러나 그 모든 불평불만은 자신의 처지에 대한 한탄으로 귀결되었다.

"집에 곡식들은 남아 있나?"

"말 마시게. 간당간당 바닥이 보여서 언제 굶을지 모르네. 우리가 녹봉 못 받은 게 벌써 두 달 아닌가."

"자네는 두 달이야? 난 석 달일세."

"창예창 쌀 절반이 출정군 군량미로 실려 갔으니 어쩔 수 없지. 백제군한테 빼앗겼다는 두 성은 다시 찾았나 몰라."

"또 장정들 숱하게 죽어 나가겠구먼."

한참의 대화가 오가던 가운데 누군가 목소리를 낮췄다.

"여보게들, 내 말 한번 들어 보게."

어수선하던 분위기가 순간 잦아들었다. 말을 꺼낸 관원은 모두가 귀를 기울이는 가운데 나지막하게 말을 이어 갔다.

"자, 나는 이렇게 생각하네. 나라도 걱정이네만 나는 당장 내 식구들 끼니가 더 걱정이네. 그리고 식구들이 굶기 전에 뭔가 수를 내야 한다고 생각하네. 여기서 안 그런 사람 있는가?"

양심을 지킨 사람들

관원들은 멀뚱멀뚱 눈을 뜨고 서로 쳐다보았다. 아무도 그 말에 반박하지 않았다. 누군가 채근하듯이, 하지만 체념한 듯 대꾸했다.

"말해 뭐하나. 그런데 무슨 수가 있나? 이 흉년에, 전란통에."

그러자 아까 그 관원이 목소리를 더 낮추고 말했다.

"우리 이 창고의 곡식을 나누세."

순간 창예창 안 어두운 골방은 침묵으로 가득 찼다. 이게 무슨 소리인가. 창고의 곡식을 나누어 갖자니, 이건 국가의 재산을 빼돌리자는 것이 아닌가. 한 번도 상상한 적 없고, 상상했다 하더라도 몸서리를 치며 지워 버렸을 생각이 모두의 머릿속을 울리고 있었다.

'창예창의 곡식을 빼돌린다!'

삼국 시대라고 해서 국가 재산에 대한 통제가 느슨했던 것은 아니다. 1933년 일본의 도다이지(나라 시대를 대표하는 절)에서 발견된 통일 신라 시대 고문서를 보면 오늘날의 충청북도 청주 4개 마을에 대한 관리가 치밀하게 이뤄졌음을 알 수 있다. 4개 마을의 넓이는 물론 집, 인구, 논과 밭, 잣과 뽕나무와 소와 말의 수까지 꼼꼼히 기록했고, 사망, 이사 등으로 생긴 3년간의 인구 변화까지도 세세히 파악했다. 하물며 창예창은 국가 재정을 관장하는 곳이었다. 관리도 엄했고, 기록도 철저했다. 한 관원이 터무니없다는 투로 핀잔을 줬다.

"에이, 말 같지 않은 소리 말게. 자넨 목이 열 갠가?"

그러나 말을 꺼낸 관원은 거침이 없었다.

"우리만 입 다물면 되네. 이찬(창예창 책임자) 어른을 비롯해서 윗사람들은 내가 입막음을 하겠네. 기록도 우리가 하고 집행도 우리가 하는데 못 할 일이 뭔가."

침묵이 흘렀다. 아까의 침묵과는 사뭇 다른 침묵이었다. 욕심의 파도가 거세게, 그러나 소리 없이 일었고, 일의 성공 가능성을 가늠하는 잔머리들이 정신없이 돌아갔다. 마침내 그들은 의기투합했다.

"하겠네."

"그러세."

"나도 찬성이오."

나쁜 병일수록 전파 속도가 빠른 법이다. 반나절도 지나지 않아 그들은 창예창의 곡식을 빼돌릴 계획을 완성하고 역할 분담까지 끝냈다. 뜻하지 않은 이득을 차지하게 될 생각에 얼굴은 환하게 빛났고, 손발은 빈틈 하나 없이 착착 움직였다. 흉년 심한 어느 마을에 보낼 구휼미와 고구려 국경의 어느 성에 보낼 군량미 서류를 완벽히 꾸미고 두둑한 뇌물로 윗사람의 승인까지 받은 그들은 기뻐서 어쩔 줄을 모르며 자신들의 몫을 나누고자 했다.

"이 비밀은 무덤까지 가지고 가야 하네!"

제안을 거절하다

창예창에는 검군이라는 사람이 있었다. 대사라는 벼슬을 지낸 구문의 아들이었다. 대사는 신라의 17개 관등 가운데 열두 번째 벼슬이고 4두

품에게도 허락된 자리였으니, 검군은 지체 높은 집안의 자제는 아니었다. 그는 왕궁의 재정을 관리하는 사량궁의 사인(임금 또는 높은 관리를 받드는 사람)으로서 고만고만한 하위직 벼슬아치였다. 즉 형편이 다른 관원들보다 나을 것 없는 사람이었다. 그런데도 검군은 제안을 거절한다.

"나는 받을 수 없네."

관원들은 놀라 그를 돌아보았다. 한 관원이 입술을 굳게 다문 검군에게 다급한 목소리로 물었다.

"이게 무슨 소리인가?"

검군의 대답은 간단했다. 나라의 곡식을 사사로이 챙길 수는 없다는 것이었다. 창예창에는 또 한 번 긴장감이 감돌았다. 이미 한패가 되어 버린 관원들은 검군을 둘러쌌다. 대부분의 사람이 불의에 동조한 세상에서 정의로운 사람들은 대개 바보 취급을 받는다. 그것은 오늘날이나 1000년 전이나 2000년 전이나 다를 것이 없다. 검군을 둘러싼 창예창의 관원들도 그랬다.

"거, 자네만 잘났나? 우린 뭐 정의를 몰라서 이러는 줄 아나?"

누군가는 흥분하며 검군의 멱살을 쥐었을 것이고, 또 누군가는 그 팔을 뜯어내면서 "검군! 모난 돌이 정 맞는 법이네."라고 충고했을 것이다. 좀 더 동작이 빠른 누군가는 쌀을 퍼 들고 와서 이렇게 이야기하기도 했다.

"우리 모두 다 받았는데 자네 혼자 거절하니 무엇 때문인가. 모자라나? 양이 적다면 자네에게는 더 주지!"

이 모든 회유와 설득 앞에서 검군은 어떻게 했을까. 정색을 하고 꾸짖었을까, 자리를 박차고 나가 버렸을까. 《삼국사기》에는 검군이 "웃었다."고 기록돼 있다. 화도 내지 않고 결기도 세우지 않고, 웃으며 말했다고 한다.

"내가 명색이 이찬 나으리의 자제 근랑(모범적인 화랑으로서 많은 낭도를 거느렸던 인물)의 문도로 이름을 걸어 두고 화랑의 뜰에서 수련을 했는데, 천금을 준다 한들 옳은 일이 아닌 일에 마음이 움직일 수 있겠소."

여유는 강한 자만 가지는 게 아니다. 감출 것이 없는 사람, 바름과 의로움을 지닌 사람 또한 그렇지 못한 자들 앞에서 여유로운 법이다. 검군의 미소 앞에서 동료 관원들은 어찌 할 바를 모른다.

사람 사는 모양새는 예나 지금이나 다를 게 없다. 정직한 사람은 항상 있고, 그를 '유별난 놈'으로 몰아붙이고 자신들의 '조직'에 해를 입히는 존재로 폄하하여 그를 찍어 내고야 마는 소인배도 항상 있다. 검군의 동료들이 그랬다. 그들은 검군을 회유하려 갖은 애를 썼으나 실패하자 무서운 결심을 한다.

"이놈을 죽이지 않으면 말이 새 나갈 거야. 그럼 우리는 다 죽는 거라고."

작당을 한 그들은 양심을 손톱처럼 잘라 버린다. 그들은 자신들의 잘못을 사과하겠노라며 술자리를 만들어 검군을 초대하고 그 자리에서 독을 먹여 죽이기로 한다.

검군의 선택

검군 역시 동료들이 초대한 그 자리가 어떤 자리인지 직감한다. 동료들에게 가기에 앞서 그는 자신이 모시던 근랑을 찾아가 이별을 고한다.

"오늘 이후에는 뵐 수 없을 것 같습니다."

근랑은 크게 놀란다. 그리고 두 번, 세 번 이유를 물은 뒤에야 검군으로부터 '대강'의 속사정을 듣는다. 자신이 처한 상황을 자세하게 이야기하지 않았다는 것은 무엇을 뜻할까. 검군은 동료들의 범죄를 고발하고 근랑의 도움을 얻을 생각이 없었던 것이다. 대충 사태를 파악한 근랑이 물었다.

"왜 담당 관청에 알리지 않는가?"

검군은 이렇게 답한다.

"제 목숨이 두려워 남을 죄에 빠지게 하는 일은 할 수 없습니다."

검군은 동료들을 고발했을 때 일어날 일을 두려워하고 있었다. 비록 자신의 목숨을 앗아 가려는 동료들이지만, 이 일을 고발할 경우 그들의 목이 달아날 뿐 아니라 그들의 가족까지도 천민이 되어 여기저기로 쫓겨 갈 것을 염려한 것이다.

그리고 검군도, 근랑도 말은 않지만 알고 있는 것이 있었다. 검군의 동료들보다 많은 재산을 착복했을 뿐 아니라 검군의 동료들에게 뇌물을 받고 그 범죄를 눈감아 줬을 '담당 관청'의 진골 상전들에 대해서 말이다. 부패와 불의의 먹이 사슬은 시대를 넘어, 동과 서와 남과 북을 통틀어 유구하다. 그 사슬에 목이 죄어 가던 검군은 이런 마음이었을 것이다.

'죄를 짓기는 죽기보다 싫고, 동료들의 죄를 고발하자니 그들의 운명이 안타깝고…. 차라리 나 혼자 죽는 게 낫지 않을까.'

근랑은 검군의 안타까운 사연 앞에서 위엄을 잃는다. 그리고 임전무퇴 정신을 뼈에 새긴 화랑으로서는 상상도 못 할 비겁한 소리를 입 밖에 낸다.

"그럼 도망이라도 가지 그러나?"

자신을 안쓰럽게 쳐다보는 화랑에게 낭도 검군은 이렇게 말한다.

"굽은 건 저들이고, 곧은 건 저인데 도리어 도망간다면 장부가 아니지요."

이 말을 들은 근랑의 표정이 어땠는지는 기록에 없다. 누군가의 희생을 말릴 수도 없고 막을 수도 없는, 무능하지만 고귀한 신분인 이 화랑이 어떻게 대응했는지는 아무도 모른다. 분명한 것은 근랑은 검군을 돕지도, 검군의 죽음을 막지도 못했다는 것이다. 검군은 동료들이 자신을 죽이기 위해 기다리고 있는 곳으로 간다.

동료들은 술자리를 펼쳐 놓고 검군에게 사과했다. 검군은 음식에 독을 푼 것을 알고도 음식을 꿋꿋이 먹었고, 그렇게 목숨을 잃었다.

가쁜 숨을 몰아쉬며 죽어 가는 검군 앞에서 동료들은 어떤 생각을 했을까. '녀석 잘 죽었다.'라고 생각한 사악한 이는 많지 않았을 것이다. '조금만 다르게 생각했으면 이 지경까지는 오지 않았을 것 아닌가.' 하면서 양심의 가책을 느끼는 사람들이 더 많았을 것이고, '다 죽을 수는 없잖아. 처자식이 몇 명인데.' 하면서 애써 위안하는 새가슴들이 주를 이루었을 것이다. 그러나 결론은 같다. 그들은 모두 살인자이고, 자신의 이익을 위해 의로움을 생매장한 파렴치한이다. 의인 검군은 그들 앞에서 피를 토하면서 죽어 갔다. 《삼국사기》는 이런 평으로 검군에 대한 기록을 끝맺는다.

"검군은 죽을 사람이 아니었는데 태산 같은 목숨을 기러기 털처럼 가벼이 여기다 죽고 말았다."

그 죽음은 정말 허무한 것이었을까? 나는 동의하지 않는다. 검군은 죽음으로써 그들을 가르치려고 했던 것이 아닐까. 아무리 세상이 기러기 털처럼 가벼워진다 해도 정의는 남아 있음을, 목숨을 걸고 외치고 싶었던 것이 아닐까. 검군이라고 목숨이 아깝지 않았을 리 없고 살아야할 이유가 적었을 리 없다. 하지만 자식을 팔아서 목숨을 이어 가는 백성들, 견디다 못해 동해의 거친 파도를 건너 일본으로 도망가는 백성들을 지켜본 관리로서 누군가의 목숨일 수도 있고 피와 뼈일 수도 있는 곡식을 가로챌 수는 없었던 것이다.

지금도 흔히들 말한다. "내 코가 석 자다."라고. 당장 내 배가 고픈데 무슨 수로 남을 생각하겠느냐는 뜻일 게다. 검군의 동료들 심정도 그랬을 것이다. 하지만 검군은 이 말에 다음과 같이 대답하지 않았을까.

"코가 열 자나 나온 사람들이 널려 있지 않은가."

범죄에 가담하라는 동료들의 성화와 협박을 '웃으며' 물리친 검군이 마지막까지 '음식을 꿋꿋이 먹으면서' 미소를 잃지 않고 죽어 가는 모습을 상상한다. 짤막한 기록에 남은 검군은 그런 사람이었다.

02

연산군을 꾸짖은 환관, 김처선

김처선金處善, ?~1505년   조선 중기의 환관. 폭정을 일삼는 연산군의 잘못을 지적하고 연산군에 의해 온몸이 잘려 죽었다.

"정신을 차리십시오, 전하.
하늘이 무섭지
않으십니까."

북한산 둘레길의 제10구간은 그 이름이 조금 특이하다. '내시묘역길'. 국내 최대의 내시 묘역을 끼고 걷는 길이라 해서 붙은 이름이다. 북한산 원효봉에 오른 뒤 시구문을 거쳐 내려오면 만나게 되는 내시묘역길은 무척이나 운치 있고 호젓하다. 인적 드문 오솔길의 안내판에 등장하는 "내시 묘역"을 곱씹다 보면 사극에서 간드러진 목소리로 "상감마마 납시오."를 부르짖는 사람들의 기구한 인생을 떠올리게 된다.

이웃 나라 중국의 환관의 역사는 길고도 파란만장하다. 종이를 발명한 채륜, 아프리카까지 대원정을 다녀와 중국의 위상을 높인 정화 등 역사를 빛내고 이름을 남긴 환관들도 있고, 황제를 손아귀에 넣고 국정을 주무르며 부정부패를 일삼은 간신들도 많다. 진시황의 진나라를 멸망으로 몰아넣은 환관 조고, 후한 몰락의 상징 같은 존재로 역사에 남은 열 명의 환관 '십상시', 사람들에게 자신을 '구천세'로 부르라고 강요할

양심을 지킨 사람들

만큼 제멋대로 권력을 휘두른 명나라의 환관 위충현(황제는 '만세', 제후국 임금은 '천세'라고 부른 데서 나온 말인 '구천세'는 위충현 자신이 황제 다음의 권력자라고 생각했음을 뜻한다) 등이다.

그러나 조선 환관의 역사는 적잖이 다르다. 일단 조선의 왕권은 중국의 황제권에 미치지 못했다. 환관의 힘은 그가 가까이에서 보좌하며 눈과 귀를 가릴 수 있는 절대권자의 힘에서 비롯되는 것인 만큼, 조선 환관의 위상이란 허약할 수밖에 없었다. 조선 환관은 시대를 쥐고 흔드는 권력자보다는 왕의 심부름꾼에 가까웠고, 황제를 등에 업고 관료들을 호령하는 자리보다는 임금에게 치이고 관료들에게 무시당하면서 구중궁궐의 업무를 도맡아 하던 고달픈 직업에 더 가까웠다. 환관은 왕의 총애와 격노를 가장 가까이에서 받아 내야 했고, 왕의 사생활까지 챙겨야 했다. 심지어 왕의 대변과 소변을 맛보면서 건강을 점검하기도 했다. 왕의 신변을 마지막 선에서 보위해야 했던 그들은 가히 왕의 혀이자 귀였고, 왕의 손과 발로 살아야 하는 '왕의 남자'였다. 비록 '남자' 구실은 하지 못했지만.

이렇듯 조선의 환관은 중국 환관의 위세에 비할 수 없지만 국왕의 최측근으로서 역사에 이름을 남긴 이들도 있다. 수양대군이 단종을 보좌하던 김종서, 황보인 등을 죽이고 정권을 장악한 계유정난에 가담했으나 단종 폐위 후 마음을 고쳐먹고 단종 복위 운동에 참여했다가 죽임을 당한 엄자치, 계유정난 때 수양대군을 적극 도운 공으로 공신에 오른 전균, 명종 때 문정왕후의 심복 역할을 하며 을사사화를 배후에서 조종한 공으로 공신까지 된 박한종, 갑신정변 때 개화당에 저항하다가 임금 앞에서 목이 달아난 유재현 등이다. 그리고 이 글의 주인공 김처선 도 역사에 이름을 남긴 환관 가운데 한 명이다.

실수투성이 환관

대개 환관은 'OO 임금 때의 환관'이라고 이야기하지만 김처선은 그렇 게 표현하기가 어렵다. 세종, 문종, 단종, 세조, 예종, 성종, 연산군, 이렇 게 무려 일곱 임금을 섬겼기 때문이다.

세종 말년에 입궐한 것으로 추정되는 김처선의 이름이 실록에 등장 하는 것은 단종 즉위 이후다. 기록에 따르면 1453년(단종 1년) 경상북도 영 해에 귀양 가 있던 환관 김처선을 석방하라는 명령이 내려진다. 수양대 군이 일으킨 계유정난 3일 뒤의 일이었다. 김처선이 귀양을 간 이유는 기록되어 있지 않지만, 김처선이 국왕의 최측근답게 왕권 수호를 최우 선에 두어 김종서, 황보인 등 노회한 신하들과 사이가 좋지 않았던 것 이 아닌가 추정된다.

그렇다고 해서 김처선이 새롭게 등장한 권력자 수양대군, 즉 세조와 궁합이 잘 맞은 것도 아니었다. 1455년(단종 3년) 김처선은 단종의 복위를 꾸미던 세조의 동생 금성대군 사건과 엮여 관노가 된다. 귀양에서 풀린 지 2년 만에 다시 관노로 떨어진 김처선은 그 심기가 편치 않았겠지만 그다지 애면글면 마음을 졸이지는 않았을 것이다. 관노라고 해도 언제

양심을 지킨 사람들

궁궐로 돌아갈지 모를 내시를 수령들이 함부로 다루지는 못했을 것이고, 결정적으로 김처선은 왕에게 일편단심을 바치는 충직한 환관들과는 거리가 먼, '날라리' 끼가 충만한 사람이었기 때문이다. 오히려 "인생만사 새옹지마지, 뭐." 하면서 호방하게 지냈을 가능성이 높다. 그가 궁궐로 복귀한 뒤의 모습을 보면 더욱 그렇다.

김처선은 관노에서 풀려난 뒤 1460년(세조 6년) 5월, '원종공신(국가나 왕실의 안정에 공을 세운 자)' 칭호를 받는다. 정확히 밝혀진 것은 없으나 무언가 세조를 위해 공을 세운 것을 인정받았다 할 것이다. 그런데 그로부터 5개월 뒤 그는 대형 사고를 친다. 세조가 궁궐을 나서 다른 지방을 방문하러 가던 날 눈 섞인 비가 크게 내렸는데, 악천후에 맞서 장막을 치고 임금에게 털옷을 입히는 등 준비를 용의주도하게 했어야 마땅한 김처선이 그 역할을 제대로 못 한 것이다. 조선 왕조 스물일곱 임금 가운데 가장 강력한 왕권을 휘둘렀다 할 세조의 카리스마는 불을 뿜는다.

"김처선에게 장 80대를 쳐라. 이놈이 공신 칭호를 받더니 눈에 보이는 게 없는 모양이구나."

장 80대면 중벌에 해당한다. 고려 말 정몽주가 정적이자 친구인 정도전을 죽이기 위해 이 장형을 이용하려 한 기록이 있듯 사람을 죽일 수도 있는 형벌이었고, 실제로 "장하(杖下)에 죽는", 즉 곤장을 맞다가 죽음에 이르는 일이 비일비재했다. 80대를 온전히 다 맞았다면 김처선도 초주검이 됐을 것이고, 그 장독(杖毒)을 빼기 위해 당시에 흔히 하던 대로 똥물을 들이켜거나 너덜너덜해진 볼기짝에 똥물을 바르면서 비명을 질렀을 것이다. 그러나 김처선의 수난은 그것으로 끝이 아니었다. 몇 년 뒤 그는 또 한 번 사고를 친다.

1464년(세조 10년) 6월 27일, 세조가 화위당(임금이 술을 마시거나 활쏘기를 하면서 외빈이나 주요 관리를 만나던 곳)으로 행차한다. 그런데 내시 가운데 중고참이라 할 김처선을 비롯한 몇몇이 눈에 띄지 않자 세조는 또 한 번 분통을 터뜨린다. 임금의 행차를 몰랐든, 까먹었든 내시로서는 있을 수 없는 일이었다.

"아니, 이것들이 한동안 좀 빠릿빠릿하다 했더니!"

또 한바탕 매질이 이어졌고 비명이 궁궐을 갈랐다. 하지만 사람의 천성이란 매 맞아서는 변하지 않는다. 그렇게 매를 맞고도 김처선은 끄떡없었다. 그로부터 1년 뒤 그는 조선 왕조 내시 역사상 전무후무한 사건을 벌인다.

어느 날 세조의 귀에 황당한 소식이 전해진다. 설마 그럴 리가 있을까 싶을 만큼 어이없는 이야기였다. 소식이 틀림없는 사실임을 확인한 세조는 눈을 부라리며 승지(조선 시대 승정원에 두었던 정3품 관직)를 부른다. 허둥지둥 달려와 엎드린 승지는 뒤이어 내려진 어명에 귀를 의심한다.

"환관 김처선이 시녀를 데리고 가다가 술에 취해 길바닥에 뻗어 있다는구나. 대체 이것이 어찌 된 노릇이냐. 당장 가서 알아보라."

승지는 기절초풍하여 현장으로 달려간다. 그런데 아니나 다를까, 원종공신 내시 김처선이 완전히 취해 길바닥에 널브러져 있었다. 사색이 되어 대체 이게 어떻게 된 것이냐고 묻는 승지에게 김처선은 궁궐 안 주방에서 아무개를 만나 한잔하고, 또 아무개의 군부대 진영에서 아무개를 만나 한잔한 것이 이리 되었다고 대답한다.

김처선의 시녀가 따로 있을 수는 없으니 그가 말한 시녀란 궁궐에 사는 궁녀였을 것이다. 궁에 사는 여자라면 중전마마부터 무수리까지 죄다 '왕의 여자'일진대, 환관이 왕의 여자를 데리고 외출해서는 술을 퍼마시다가 길바닥에 누워 버린 것이다. 세조는 또 노발대발하며 김처선을 감옥에 가두라고 소리쳤지만 다행히 큰일은 일어나지 않았다. 하지만 이 사태는 정말 위험한 상황으로 치달을 수도 있었다. 이는 그 직후에 일어난 한 연애편지 사건으로 미루어 짐작할 수 있다.

세조의 동생인 임영대군의 아들 귀성군 이준은 이시애의 난(세조의 집권 정책에 반대한 함경도의 호족 이시애가 일으킨 반란)을 평정한 공신이자 출중한 외모를 지닌 '훈남'이었다. 그런데 궁녀 한 명이 이 귀성군에게 연정을 품은 것이 문제였다. 궁녀는 두 명의 환관을 통해 귀성군에게 연애편지를 전했고, 이를 보고 기겁을 한 임영대군과 귀성군은 그 편지를 왕에게 득달같이 전했다. 왕의 여자의 관심을 산 죄(?)를 자백한 것이다. 눈을 부라린 세조는 문제의 편지를 전한 환관 둘을 때려죽인다. 그러고 나서 김처선을 부른다. 김처선은 관리자로서 책임을 져야 했을 것이다. 세조는 뚝뚝 부러지는 말투로 말한다.

"네 죄가 적지 않으나…."

아마 천하의 김처선의 등에도 식은땀이 흘렀으리라.

"이미 책임이 있는 놈들을 죽였으니 너의 물의를 용서한다."

김처선은 또 위기를 넘긴다.

이렇듯 김처선의 행적은 임금의 뜻에 죽고 사는 환관으로서는 부족한 데가 많았다. 비유하자면 열심히 일하며 회사에 충성하는 직원이라기보다는, 툭하면 뺀질거리며 일 안 하려고 잔머리만 쓰는 얄미운 직원이라고나 할까. 동생 둘에, 조카에, 아버지의 후궁까지 죽여 없앤 세조에게 환관의 목숨이야 아무것도 아니었을 테지만 운 좋게도 김처선은 그렇게 사고를 치고도 세조의 변덕과 분노를 피해 살아남는다.

일곱 번째 임금

성종 대에 김처선은 인생의 태평기를 누린다. '자헌대부'라는 높은 벼슬을 받아 "환관에게 무슨 그런 벼슬을!" 하는 견제를 받기도 하고, 임금이 하사한 말을 타고 다니면서 중신들에게 임금의 말을 전하는 명실상부한 왕의 비서실장 노릇을 하며 환관으로서 절정의 삶을 맛본다.

김처선은 자신의 집에서 양자의 보살핌을 받으며 눈 감을 날을 기다리다가 북한산 아래 내시 묘역으로 가면 될 나이였음에도 연산군이 왕위에 오른 뒤까지 계속 궁궐에서 일한다. 세종 때 입궐했다 치면 무려 일곱 번째 임금이었다.

예전의 김처선에게 왕의 정치는 관심 밖이었다. 신하들이 임금에게 대들든, 그러다 벼락을 맞든, 임금이 어떤 명령을 내리고 누구를 죽이든 살리든 자신은 임금의 뜻에 따라 움직이면 되는 존재였고, 맡은 일만 다하면 됐다. 그러나 일곱 번째 임금인 연산군은 이전의 왕들과 달라도 많이 달랐다. 사람 죽이는 솜씨는 할아버지 세조를 능가했지만 나랏일에

양심을 지킨 사람들

는 세조의 10분의 1만큼도 신경을 쏟지 않았고, 선비를 아꼈던 아버지 성종에게 분풀이라도 하듯이 죄 없는 선비들을 잡아 죽였다. 백성들의 땅을 빼앗아 사냥터를 만들었고, 채홍사(미인을 뽑아 임금에게 바치는 관리)를 전국에 풀어 미인들을 모아들이며 궁궐을 들썩이게 했다. 몇 년 동안 새까맣게 타는 속을 애써 달래며 연산군을 지켜보던 김처선은 바른말을 하기 위해 서서히 고개를 들기 시작한다.

1504년(연산군 10년) 연산군이 아버지의 후궁 둘을 때려죽인 뒤 그 시체를 갈가리 찢고(야사가 아닌 실록의 기록이다), 할머니를 협박해 죽음으로 몰고, 정승 판서부터 말단까지 수백 명을 죽이고, 무덤을 파헤쳐 송장의 목을 친 갑자사화의 태풍이 휩쓸고 간 직후인 7월 16일, 연산군은 이런 명령을 내린다.

"김처선은 무례한 일이 있으므로 벌을 받아야 하나 도설리(임금의 수라를 주관하는 곳의 우두머리)가 없으므로 장 100대로 대신하도록 하라."

김처선이 무엄한 행동을 했으니 죽여야겠지만 당장 고참 내시로서 할 일이 있으니 장 100대로 대신하겠다는 엄포였다. 그가 왜 벌을 받게 되었는지는 기록에 없다. 김처선은 무슨 행동을 했던 것일까. 연산군이 가장 싫어하는 말 중의 하나였던 "전하, 이러시면 아니 되옵니다."를 반복하며 엎드렸을까. "아바마마를 생각하시고 백성들을 생각하십시오." 라며 충언을 했을까. 어쨌든 연산군은 그럼에도 김처선을 믿었던 것 같다. "도설리가 없다"는 말은 김처선을 대신할 자가 없다는 뜻일 것이다.

이후에도 연산군의 폭정은 계속되었다. 그리고 마침내 백발의 환관 김처선은 일생일대의 결심을 한다. 목숨을 걸고 연산군을 꾸짖고자 한

갑자사화

'사화(士禍)'란 어떤 사건을 계기로 선비들이 반대파 또는 임금의 폭정에 의해 화를 당하는 것을 말한다. 조선 10대 임금 연산군 이후 13대 명종에 이르기까지 무오사화, 갑자사화, 기묘사화, 을사사화가 벌어지는데, 이를 '조선 4대 사화'라 한다.

9대 임금 성종 이후 중앙 정계 진출을 본격화한 지방의 사림파와 조정을 장악하고 있던 훈구파의 갈등은 연산군 즉위 이후 심화된다. 그러다 1498년 훈구파는 연산군의 증조부인 세조의 왕위 찬탈을 비판한 사림파 김일손의 글을 빌미로 왕을 움직여 사림파를 공격한다. 이를 '무오사화'라 한다. 이 일로 한창 세력을 키워 가던 영남 출신의 사림은 몰락한다.

그러나 이 무오사화는 6년 뒤 일어날 갑자사화의 예고편에 불과했다. 연산 군은 사약을 받고 죽은 어머니 폐비 윤씨의 일을 들고 나와 조정을 공포로 몰아넣는다. 폐비 윤씨를 음해했던 성종의 후궁 둘은 연산군의 몽둥이에 맞아 죽고, 할머니 인수대비는 연산군에게 협박을 당하는 등 온갖 봉변을 당하다 얼마 못 가 세상을 뜬다.

왕실 가족들이 이러했으니 조정이 온전했을 리 없다. 사림파뿐만 아니라 훈구파도 연산군의 화살을 피해 가지 못했다. 연산군 어머니의 폐위와 죽음에 찬성한 이들은 물론 반대하지 않았던 이들조차 목이 달아났고, 이미 죽은 사람의 경우 관 뚜껑을 열고 목을 쳐 그 머리를 매달았다. 심지어 연산군은 '아무개를 처벌하자고 주장하지 않은 죄'까지 물어 처벌하기도 했다. 바야흐로 연산군의 공포 정치는 절정으로 치닫고 있었다.

양심을 지킨 사람들

것이다. 갑자사화 이후 온 조선이 바짝 엎드려 있을 때였다. 신료들이 "입은 화를 부르는 문이요, 혀는 몸을 자르는 칼이다[口是禍之門 舌是斬身刀]." 라는 경고문을 목에 걸고 다니던 즈음이었으며, 왕을 욕하는 벽보가 언문(한글)으로 쓰였다 하여 재깍 언문 사용을 금하라는 명령이 떨어졌던 때였다. 어느 고관대작, 고귀한 양반들도 연산군 앞에서 입을 열지 못했고 그 옷자락을 잡고 만류하지 못했다. 그 죽음 같은 침묵의 시기에 김처선은 분연히 일어선다. 1505년(연산군 11년) 4월의 어느 날 김처선은 집안 사람들을 불러 모은다.

"오늘 나는 반드시 죽을 것이다."

아마도 그는 사람들과 일일이 인사를 나누었으리라. 도대체 무슨 일인가 하고 수군대던 사람들도 이내 눈치를 챘다.

'저 어른이 오늘 기어이 주상에게 나아가 바른말을 하겠구나.'

젊은 시절 툭하면 임금의 일정을 깜빡해 실수를 하던 날라리 내시 김처선, 궁녀와 출장 갔다가 술 먹고 취해 길바닥에 드러누웠던 내시 김처선의 눈은 적을 앞에 둔 장수들의 그것처럼 형형하게 빛났다.

연산군에 맞서다

김처선은 마침내 입궐하여 당시로서는 웬만한 귀신도 엄두를 못 낼 말들을 연산군에게 퍼붓는다. 실록에는 그가 취해 있었다고 기록되어 있는데, 도저히 용기가 안 나 막걸리를 몇 사발 걸친 것인지도 모른다. 《연려실기술》의 기록이다.

"늙은 이 몸이 여러 임금을 섬겼고, 경서와 사서를 대충은 압니다마는 고금에 전하처럼 행동하는 이는 없었습니다."

어찌 이 말만 했으랴. 어쩌면 몇 해 전에 김처선이 궁궐로 불러들여 연산군의 노여움을 샀던 광대 공길이 인용한 《논어》의 한 대목을 되풀이했을지도 모른다.

"임금은 임금다워야 하고, 신하는 신하다워야 하고, 아비는 아비다워야 하고, 아들은 아들다워야 합니다. 임금이 임금답지 않고 신하가 신하답지 않으면 아무리 곡식이 있더라도 누가 먹을 수 있겠습니까."

김처선의 직언을 들은 연산군은 격노한다. 《연려실기술》의 기록은 끔찍 그 자체다. 연산군은 김처선에게 화살을 쏘았고, 김처선은 갈빗대가 부서지는 고통 속에서도 굴하지 않고 말한다.

"조정의 대신들도 죽음을 두려워하지 않는데 늙은 내시가 어찌 감히 죽음을 아끼겠습니까. 다만 전하께서 오래도록 보위에 계시지 못할 것이 한스러울 뿐입니다."

왕조 국가에서 "당신의 왕위는 얼마 가지 못하오."라고 말해서 살아남은 사람은 없다. 연산군은 다시 화살을 쏘아 김처선을 넘어뜨리고 칼로 다리를 벤다. 그리고 당장 일어나 걸으라고 호령한다. 김처선은 태연하게 대답한다.

"전하께서는 다리 없이 나다니실 수 있겠습니까."

김처선은 혀가 잘리고 배가 갈린다. 그러면서도 말을 멈추지 않았

양심을 지킨 사람들

다. 아마도 이렇게 울부짖었을 것이다.

"정신을 차리십시오, 전하. 하늘이 무섭지 않으십니까. 열성조(역대 왕들)가 두렵지 않으십니까. 세종 대왕, 세조 대왕, 예종 대왕, 성종 대왕, 그분들의 얼굴이 제 눈에 박혀 있습니다. 그분들이 땅을 치고 통곡하시는 것이 눈에 보입니다."

연산군의 복수는 끔찍했다. 김처선의 시신은 짐승의 밥으로 던져졌고, 양자도 죽임을 당했으며, 7촌까지 화를 입었다. 연산군은 김처선 부모의 묘까지 파헤쳤고, 김처선의 집은 때려 부순 뒤 연못으로 만들었다. 심지어 '전의 김씨'라는 김처선의 본관까지 폐했고, 김처선의 이름에 들어가는 '처(處)' 자를 쓰지 말라는 희한한 명령까지 내렸다.

이 모든 것은 진정한 용기에 직면한 비겁자의 광란일 뿐이었다. 용기를 내야 할 의무도 없고, 용기를 낸다 한들 그 이름이 드높아질 상황도 아니었으며(연산군의 뒤를 이은 중종은 김처선이 술에 취해 객기를 부린 것뿐이라며 폄하했다), 비범하기는커녕 오히려 실수투성이였던 평범한 내시, 그래서 더욱 살갑게 느껴지는 환관 김처선은 생애 최초이자 최후로 초인적인 용기를 발휘한 뒤 역사 속으로 사라져 간다.

그러나 사람들은 그 이름을 대를 이어 기억한다. 왕 앞에서 "이러시면 아니 되옵니다."를 외치며 피를 토하다가 부서져 간 한 늙은 내관은 수백 년 뒤 영조에 의해 복권된다.

"내관 김처선이 충간(忠諫)을 하다가 죽게 되었다는 것은 내 익히 들었다. 정문(旌門)을 세워 그의 뜻을 기리도록 하라."

김처선이 죽은 지 200년이 지났음에도 영조에게 "옛날에 김처선이라는 내시가 있었답니다." 하며 그의 사연을 들려주는 이들이 많았던 것이다. 먹으로 쓴 기록은 희미해지거나 지워질 수 있지만 의로운 피로 쓴 이야기는 세월이 갈수록 선명해지는 법이다.

김처선은 왕의 혀가 되어야 하는 환관이었다. 그러나 그는 왕의 혀가 되기를 거부하고 왕의 불의를 가르는 칼이 된다. 왕을 받들고 왕의 신뢰를 얻는 것이 유일한 생존 목표인 환관이지만, 왕답지 않은 왕에 대한 충성보다는 양심을 선택한 것이다. 어쩌면 연산군의 증조부 세조는 날라리 환관 김처선 안에 감춰져 있던 용기, 왕에게 복종하되 결정적인 순간에 왕을 꾸짖을 수 있는 용기를 읽었던 것이 아닐까. 그래서 그 숱한 실수에도 끝내 그를 내치지 않았던 것이 아닐까.

김처선은 신하다운 신하들이 임금답지 않은 임금에게 몰살당한 어두운 세상에도 사람다운 사람이 살아 있음을, 어떤 폭압이 내리눌러도 내야 할 용기를 내는 사람다운 사람은 언제나 존재함을 온몸으로 보여주었다.

03

백성을 위해 싸운
장군과 의병장,
황진·곽재우

황진黃進, 1550~1593년　조선 중기의 무신. 일본이 10만 대군을 이끌고 진주성을
공격했을 때 진주성 안의 피난민을 지키기 위해 맞서 싸우다가 전사했다.

곽재우郭再祐, 1552~1617년　조선 중기의 의병장. 뛰어난 장수였지만 진주성 전투
는 이길 가능성이 낮다고 판단하여 합세하지 않고 병사들의 목숨을 지켰다.

"죽는 한이 있더라도 신의를 저버릴 수는 없지요."

"이런 법이 어디 있소? 평화 협상 중에 대군을 일으켜 진주성을 공격한다니, 당신네 일본 사람들은 원래 이렇소?"

임진왜란 초기인 1593년 5월, 조선과 일본 사이에서 평화 협상을 주도하던 중국 명나라의 사신 심유경은 일본군 진영에서 소리를 고래고래 지르며 발을 굴렀다. 한때 평양과 두만강에 이르던 일본군은 수천 리 후퇴하여 부산에 집결해 있었고, 전쟁을 끝내기 위해 협상하고 있었다. 그런데 그 와중에 부산의 일본군이 진주성을 공격하러 출동한다는 소식이 들린 것이다. 심유경의 협상 상대인 고니시 유키나가는 미안해하는 얼굴로 대답했다.

"내가 주도한 일은 아니오. 하지만 태합 전하(도요토미 히데요시)의 명령이 내려왔단 말이오. 작년 10월, 일본군 1만 명이 진주성 전투에서 죽었소. 그 앙갚음을 하지 않고는 못 배기겠다는 것이 태합 전하의 뜻이오.

양심을 지킨 사람들

벌써 세 번째 독촉이라오."

심유경이 무엇인가 말을 하려고 입을 씰룩이자 고니시가 빠르게 말을 이었다.

"한 놈도 남김없이 모조리 죽여 씨를 말려라, 이게 태합 전하의 명령이오. 포로도 필요 없다는 겁니다. 우리 장수들이 얼마나 시달리는 줄 아시오? 안 그래도 태합 전하는 공을 세우지 못하는 장수는 가문이 끊길 거라고 협박을 하고 있어요. 우리는 진주성이라도 쳐야 합니다."

기가 질린 심유경이 입을 다물자 고니시는 어조를 낮춰 말했다.

"10만 대군이 동원됩니다. 명나라 군대가 돕더라도 당하기 힘들 거요. 성을 비워 주시오. 이건 태합 전하의 체면을 살리는 싸움이지 않겠소? 우리는 그저 성안에 들어갔다가 돌아오면 되는 거요. 서로 피 흘릴 이유가 없다면 흘리지 않는 것이 좋지 않소."

일본군 진영을 벗어난 심유경은 말을 채찍질해서 조선군 진영이 있는 경상도 선산으로 달렸다. 그는 여러 말을 하지 않았다.

"진주성을 비우시오. 일본군이 진주성으로 옵니다. 성만 비우면 별 탈이 없을 것이오."

일본 대군이 진주성을 공격할 것이라는 이 소식은 순식간에 조선 천지에 퍼졌다. 그런데 유감스럽게도 조선으로서는 뾰족한 대책이 없었다. 일본군 10만을 상대하려면 명나라 군대가 도와줘야 하는데, 명나라 장수들은 진주성에 갈 생각이 꿈에도 없었던 것이다. 의병까지 합해 3000여 명밖에 안 되는 조선군은 도저히 상대가 되지 않는다는 결론을 내리고 소백산맥 너머 전라도로 철수한다.

하지만 그렇다고 성을 완전히 비운 것도 아니었다. 인근 백성들에게는 1년 전 진주성 전투에서 일본군을 이겼던 기억이 생생히 남아 있었고, 진주성에 들어가면 살 길이 있다고 굳게 믿었기에 진주성으로 밀물처럼 들어갔다. 자그마치 6만 명의 피난민이 진주성 안에 있었다.

엇갈린 운명

"우리는 진주성을 지킨다."

전라도 나주 출신 의병장 김천일이 선언했다. 임진왜란이 일어나자마자 의병을 일으킨 김천일은, 강화도 인근에서 활약하다가 일본군이 경상도 남쪽으로 철수하자 남하하여 진주성에 들어온 사람이었다.

"진주는 전라도로 향하는 길목이다. 이곳을 내준다고 해서 일본군이 순순히 돌아간다는 보장이 어디에 있는가. 우리는 성을 비울 수 없다."

전라도 출신 의병장들이 연이어 호응했고, 단결하여 성을 지키기로 결의한다. 그리고 조선 최고의 장수인 충청도 병마절도사 황진이 여기에 가세한다. 그는 1년 전인 1592년 이치 전투 때 광주목사 권율 밑에서 일본의 전라도 침공군과 싸워 크게 이긴 바 있었다.

황진은 전쟁 전 조선 통신사로 일본에 갔을 때 일본 명검을 비싼 값을 주고 사 왔다.

"머지않아 전쟁이 일어날 텐데 그때 이 칼로 왜놈들을 오는 대로 베

양심을 지킨 사람들

임진왜란과 의병

임진왜란 때 일본군이 부산포에 상륙한 날은 1592년 4월 13일이다. 별 저항 없이 조선 땅에 발을 디딘 일본군은 다음 날 아침 부산진성을 포위, 공격하여 함락하고 동래성을 무너뜨린다. 경상좌도를 책임진 병마절도사와 수군절도사는 모든 것을 내팽개치고 도망갔고, 각 고을 사또들도 다르지 않았다. 일본군은 노래를 부르면서 북상했다. 일본군의 목표는 일단 한양이었다. 수도를 점령하고 국왕의 항복을 받아 전쟁을 끝내는 것이 일본의 방식이었다. 그러나 이러한 일본군의 꿈을 산산조각 낸 존재가 있었으니, 바로 의병이었다.

일본군이 한양길을 재촉하며 일단 내버려 두었던 경상우도, 즉 낙동강 서쪽 고을에서 최초로 의병의 깃발이 솟았다. 곽재우가 이끄는 50여 명의 청년이 들고일어난 것이 의병의 시작이었다. 이들은 일본군의 보급로를 공격하는 한편 슬금슬금 경상우도로 넘어오던 일본군을 혼쭐내면서 기세를 올리기 시작했다.

당나라 두보의 유명한 시에 "나라는 깨졌으나 산하는 남았다[國破山河在]."는 구절이 있다. 임진왜란을 맞은 조선의 경우 "나라가 깨진 뒤에 의로운 백성이 있었다[國破義民在]."고 바꿔 노래할 만했다. 곽재우가 의병을 일으킨 후 경상우도에서는 김면, 정인홍, 권응수 등이 일제히 의병의 깃발을 들었고, 조선 팔도 전역에서 자신의 몸을 내던져 나라의 위기를 구하겠다고 나선 의병들이 수만 명에 이르렀다. 두만강에 이른 일본군을 무찌르고 함경북도 지역을 수복한 것은 의병장 정문부의 의병들이었고, 의병장 조헌과 700명의 의병은 단 한 명도 예외 없이 목숨 바쳐 싸워 일본군의 기를 질리게 만들었다. 유교 사회에서 천대받던 스님들도 낫과 몽둥이를 잡았다. 온 집안이 의병으로 나선 가문도 한두 집이 아니었다.

"이 못난 늙은이가 삼가 뜻 있는 선비들에게 고하노라. 지팡이를 의지하여 북녘 하늘을 우러르니 슬프도다. 거리마다 격양가 드높은 태평성대를 200년

이나 누렸음은 모두 성조의 덕화일지니 천만세를 지난들 어찌 나라의 은혜를
잊겠는가. 불행히도 나라의 운수가 기울어 섬나라 오랑캐들이 침노하여 강산
은 초토화되고 백성은 짓밟히고 있으니 참으로 통탄치 않을 수 없도다. 삼군
은 눈물을 흘리며 죽음을 무릅쓰고 충절을 다하고 있거니와 천리 밖 의주의
조정에서는 우리의 궐기를 간절히 기다리고 있다. 아, 호남 오십 주군에 어찌
의기남아가 없으리오. 지사들이여, 모두 일어나 의로운 칼을 들어 나라를 구
하고 임금의 은혜에 보답할지어다."(전라도 장성 남문에 나붙은 격문)

　의병들은 이렇게 외치며 일어섰고, 싸웠고, 피를 뿌리며 사라져 갔다. 고관
대작들은 도망가기 바쁘고 임금마저도 명나라로 도망갈 궁리만 하고 있을 때
이름 없는 선비와 백성들은 왜 들고일어섰을까? 어쩌면 그들의 대답은 일제
강점기 독립군의 이야기를 다룬 영화 〈암살〉에서 독립군이 남긴 말과 같을지
도 모른다.

　"알려 줘야지. 우린 계속 싸우고 있다고."

어 주겠다."

이 유능하면서도 용감한 장군 황진이 진주성에 입성한다는 소식이 들리자 진주성 안의 사기는 더욱 높아졌다.

"왜놈들 올 테면 오라. 우리는 끝까지 싸운다."

진주성은 양측 다 물러설 수 없는 외나무다리가 되어 갔다.

경상우감사 김륵은 자신이 진주성에 들어갈 용기는 없으나 어떻게 든 병력을 끌어모아 진주성 방위에 보태고자 했다. 그의 머리에 우선 떠오른 사람이 경상우도에서 가장 잘 싸워 온 의병장 곽재우였다. 김륵은 곽재우에게 간곡히 부탁한다.

"진주성에 들어가 주시오."

곽재우가 합세하면 뭔가 길이 트이지 않을까, 기대했을 것이다. 그러나 곽재우는 이 요청을 딱 잘라 거절한다.

"오직 임기응변하는 자만이 군사를 부릴 수 있고, 지혜로운 자만이 적을 헤아릴 수 있습니다. 지금 적병의 성대한 세력을 보건대 그 누구도 당하지 못할 기세를 떨치고 있습니다. 3리밖에 안 되는 성으로 어떻게 방어할 수 있겠소이까. 밖에서 응원은 할지언정, 성안에 들어가지는 않겠소."

임진왜란이 일어나자마자 의병을 일으켰고, 적지나 다름없는 경상도에서 가장 열심히 싸워 왔으며, 일본군조차 '꽉쥐'라고 부르며 두려워하는 사나이 곽재우. 그가 이렇게 나올 줄은 꿈에도 몰랐던 경상우감사 김륵은 버럭 화를 낸다.

"장수가 대장의 명령을 거역하다니. 이래서야 군율이 서겠는가!"

10만 대군이 몰려오고 있는데 그나마 싸울 줄 아는 장수라는 자가 자기는 밖에서 응원이나 하겠다고 하니 화가 났을 것이다. 진주성에 얼마나 많은 목숨들이 있는데, 다른 지역에서 넘어온 장수들도 진주성을 지키겠다며 단결하여 성안에 들어가 있는데 경상도 의병장이 꽁무니를 빼겠다는 말인가.

"나 하나 죽든 살든 문제가 안 되지만, 그 수많은 전투를 벌이며 경험을 쌓은 금쪽같은 병사들을 어떻게 승산 없는 싸움에 몰아넣는단 말입니까. 그냥 여기서 자결을 할지언정 진주성엔 들어가지 못하겠소."

곽재우는 끝내 진주성 입성을 거부한다. 그뿐이 아니다. 그는 진주성에 들어가기로 한 충청도 병마절도사 황진을 만나 설득한다.

"장군은 충청도 병마절도사요. 당신처럼 중요한 사람이 왜 조정의 특별한 명령도 없는데 뻔히 죽을 곳으로 가겠다는 거요? 나와 같이 밖에서 싸웁시다."

그러나 황진 역시 단호했다.

"이미 김천일 등과 약속을 했소. 죽는 한이 있더라도 신의를 저버릴 수는 없지요."

곽재우는 결국 이별의 술잔을 나누며 한탄한다. 그때 그가 황진에게 한 말은 곽재우가 얼마나 비정한 현실주의자였는지 보여 준다. 곽재우는 이렇게 말했다.

"진주성의 다른 장수들은 다시 구할 수 있지만 당신 같은 사람을 잃는 건 정말 두렵소."

다른 사람은 대체할 수 있지만 황진은 그럴 수 없다는 뜻이다. 아마도 곽재우는 말을 달려 진주성으로 들어가는 황진의 뒷모습을 한없이 바라보았을 것이다. 함께하지 못함을 아쉬워했을까, 아니면 끝내 황진을 성에서 끌어내지 못한 것을 슬퍼했을까. 황진과 곽재우는 모두 용감한 사람들이었다. 곽재우는 노비와 농민 몇 명을 데리고 의병을 일으킨 사람이었고, 황진은 조선 무장들 가운데 가장 치열하게 싸운 장수였다. 하지만 누구보다 용감한 두 사람의 앞길은 그렇게 갈렸다.

치열한 전투

1593년 6월 21일, 마침내 제2차 진주성 혈전이 시작됐다. 일본의 10만 대군은 진주성을 겹겹이 에워싸고도 남았다. 그래도 조선군은 잘 싸웠다. 그 정점에는 황진이 있었다. 그는 자신의 목숨을 돌보지 않고 성벽 위를 뛰어다니며 전투를 지휘했다. 불사신 같아 보이는 듬직한 그가 문루에 버티고 서 있는 것만으로도, 그의 우렁찬 호령이 성안을 울리는 것만으로도 사람들에게 힘이 됐다. 덕분에 용기를 얻은 사람들은 이를 악물고 돌을 던지고 적군의 사다리를 밀쳐 냈다.

'이길 수 있다. 작년처럼 이길 수 있다!'

황진은 북을 치며 군대를 이끌고, 활을 쏘아 적병들을 거꾸러뜨리고, 성벽에 올라선 적들을 칼로 치면서 성안을 돌았다.

그런데 전투가 계속되던 어느 날, 진주성 사람들은 갑자기 들려오는

콩 볶는 듯한 조총 소리에 소스라친다. 일본군이 하룻밤 사이 성 밖에 성벽보다 높은 토산을 쌓고 그 위에서 진주성을 내려다보며 총을 쏜 것이다. 10만 대군의 힘은 대단했다. 토산 위에서 쏟아 붓는 총알에 수십 명의 조선인이 픽픽 쓰러졌다. 당황해 어쩔 줄 모르는 사람들을 향해 황진이 외쳤다.

"쌓아라! 조총 사정거리에서 벗어난 위치에 토산을 쌓아라."

백성들은 너 나 할 것 없이 뛰쳐나와 흙과 돌을 지고 몰려들었다. 진주성 안에는 수만 명의 백성이 있었다. 그들이 흙을 쌓기 시작하자 금세 토산의 윤곽이 잡혀 갔다.

그런데 등짐을 나르는 백성들 사이에서 장사 한 명이 군중의 시선을 끌었다. 웃통을 벗어던진 몸은 근육으로 각이 져 있었다. 사람들은 그가 보통 장정의 두세 배는 힘을 쓴다며 수군거렸다.

"대체 저 사람은 누구냐."

공사를 감독하던 군관도 호기심이 일었다. 군관은 자기 앞을 지나치던 그 장사를 불러 세웠다.

"어이, 어디 사는 누구요? 진주 사람이오?"

멈춰 선 장사의 얼굴을 자세히 들여다보던 군관은 깜짝 놀라고 만다.

"벼… 병사 영감!"

충청도 병마절도사 황진이었다. 최고 지휘관이 투구와 갑옷을 벗어던지고 알몸으로 토산 공사에 나선 것이다.

'장군님이 직접 돌을 지고 나르신다!'

백성들은 목구멍에서 뭔가 뜨거운 것이 치솟는 것을 느꼈다. 눈에는 물기가 서렸고, 온몸을 감싸고 있던 고단함이 사라졌다.

초저녁에 시작한 공사는 이튿날 해가 밝기 전에 끝났다. 황진은 토산 정상에 화포를 설치하고 일본군 토산 위의 망루와 사격대를 박살 냈다. 현자총통을 비롯한 조선군의 화포는 일본군 조총의 사정거리 밖에서도 쏠 수 있었다. 토산 위에서 총질하던 일본군은 불을 뒤집어쓰고 피를 토하며 죽어 갔다. 그러나 도요토미 히데요시의 엄명을 받은 일본군도 절대로 포기할 수 없는 상황이었다. 일본군은 다시 달려들었다.

"성을 함락하지 못하면 우리 모두가 죽는다."

방어하는 쪽이나 공격하는 쪽이나 필사적이었다. 조선군이 화살과 돌과 불벼락을 끝없이 퍼부어도 일본군은 성벽을 무너뜨리기 위해 악착같이 성 밑을 팠고, 성벽 위에 사다리를 걸치고 기어오르다가 떨어져 죽었다. 성을 둘러싼 10만 대군의 수는 조금도 줄지 않는 듯 보였다. 조선군과 백성들은 점점 지쳐 갔다.

짧은 승리

6월 28일, 진주목사 서예원이 담당하던 구역에서 결국 사고가 발생한다. 위낙 겁이 많아 병사들 앞에서도 눈물 흘리기 일쑤이던 서예원이었다. 그런 사람이 전투에 세심할 리 없었다. 방심한 사이 일본군에게 틈을 보였고, 격렬한 전투 끝에 일본군이 성벽 위에 올라섰다.

공성전(성을 빼앗기 위해 벌이는 싸움)에서 수비군이 가장 공포에 질리는 때는 공격군의 일부가 성벽 위에 올라 공간을 확보하는 순간이다. 한 명이 성에 오르면 그것은 교두보가 되고, 교두보의 면적이 점점 넓어지면 성의 방위력은 그만큼 약화되어 공격군이 더 많이 쏟아져 들어오기 때문이다. 중세 전투를 다룬 영화를 보면 한쪽에서 성 위에 깃발을 꽂으면 다른 한쪽에서 다시 뽑아내고 또다시 꽂고 하는 장면이 자주 나오는데, 이는 바로 교두보가 될 공간을 두고 벌어지는 필사적인 쟁탈전을 묘사한 것이다.

기회를 잡은 일본군이 성벽 위로 몰려드는 절체절명의 순간, 김해부사 이종인이라는 장수가 일본군을 향해 내달았다. 그리고 저마다 무기를 든 조선군이 그를 따라 뛰어들면서 지옥 같은 육박전이 시작됐다. 가까운 거리에서의 칼싸움이라면 일본군의 실력이 더 나았으나 일단 몸으로 부딪힌 뒤에는 칼솜씨를 발휘할 틈이 없었다. 조선군은 물러서지 않았고, 성벽 위의 일본군은 속절없이 쓰러졌다. 성벽에 걸쳐 있던 일본군의 사다리가 부서졌고, 성 밖의 일본군이 등을 보이며 달아났다. 그리고 마침내 성벽 위에서 끝까지 저항하던 일본군이 고슴도치처럼 화살을 맞은 채 쓰러졌다. 대승리였다. 성 밖의 시신은 성 높이만큼 쌓였고, 성벽 위에 쌓인 일본군 시체의 높이 또한 성가퀴(성 위의 낮은 담)를 넘었다.

이 소식을 들은 황진이 달려왔다. 병사들은 지친 몸으로도 군례를 올리며 병마절도사를 맞았다. 황진은 승리의 기쁨을 나누며 일본군 시체 더미를 둘러보았다. 그런데 바로 그때, 시신 사이에서 불이 번쩍하며 조총 소리가 천둥처럼 울렸다. 그리고 황진이 도끼에 찍힌 아름드리나무처럼 육중하게 쓰러졌다. 시체 더미에 숨어 있던 일본군이 쏜 것이었다. 황진은 다시 눈을 뜨지 못했다.

진주성의 기둥이 무너졌다. 곽재우의 만류를 뒤로하고 10만 대군이 노리는 진주성으로 뛰어들었던 충청도 병마절도사 황진은 그렇게 끝까지 의리를 지키다가 안타까운 죽음을 맞았다. 종2품 무관직의 체면 같은 것은 일찌감치 벗어던지고 백성들을 독려하며 군사들을 묶어세우던 병마절도사는 수만 백성의 울음 속에 진주성을 떠났다.

황진이 없는 조선군은 하루도 버티지 못했다. 황진이 죽은 다음 날 큰비가 내려 진주성 벽을 때렸고, 동문 벽이 무너졌다. 이종인이 이끄는 조선군이 또 한 번 온몸을 던져 가까스로 일본군의 진입을 저지했으나 그사이 북문이 뚫려 버렸다. 피에 굶주린 10만 대군이 삽시간에 진주성의 동문과 북문, 서문을 부수고 성벽을 넘었다.

학살이 시작됐다. 두 차례에 걸친 진주성 전투로 엄청난 피해를 본 일본군은 진주성 안의 사람들을 닥치는 대로 죽이고, 우물을 메우고, 성벽을 무너뜨려 평지로 만들어 버렸다. 울보 겁쟁이 진주목사 서예원의 머리는 일본으로 건너가 도요토미에게 진상되었고, 경상우도 병마절도사 최경회의 후실인 논개는 일본군 장수를 끌어안고 남강으로 뛰어들어 최후의 항전을 한다. 고향을 지키려 했던 향병들과 자신의 고향이 아님에도 진주를 지키기 위해 입성했던 수많은 호남 의병이 전멸했다. 진주성을 최후의 피난처로 삼아 각지에서 몰려든 6만 명의 피난민들도 거의 다 죽었다.

용감한 항전, 그러나 끔찍한 패전. 이 소식을 접한 이순신은 《난중일기》에 자신이 들은 사실을 적은 후 이렇게 덧붙여 놓았다.

"나는 밤새 혼자 앉아 있었다."

뭐라 덧붙일 것도 없고 그러고 싶지도 않은 슬픈 군인의 마음, 그 충격을 짐작할 수 있다. 곽재우 역시 그렇게 밤새 앉아 있었을 것이다. 가망 없는 싸움에 뛰어들어 부하들을 죽음으로 내몰 수는 없다고 외치던 자신의 모습을 후회하기도 했을 것이다. 차라리 그들과 함께 죽었다면 이토록 안타깝지는 않았으리라 생각하며 눈물도 흘렸을 것이다. 그러나 곽재우가 지키고자 한 의(義)는 따로 있었다.

또 다른 용기

곽재우에게 의로움이란 용감하게 싸우다 죽는 것이 아니라 지혜롭게 살아남고, 살아남아 이기는 것이었다. 일본군과 싸울 때도 그는 절대로 정면으로 부딪히지 않았고, 불리한 농성전을 하지도 않았다. 그리고 언제나 지형지물을 활용했다. 일본군을 공격하고 도망갔다가 돌아와 뒤통수를 치고 숨어 버리는 유격전은 그의 장기였고, 일본군에게는 최대의 공포였다.

곽재우에게는 유명한 이야기가 따라다닌다. 곽재우는 일본군이 지나는 길에 벌통 든 궤짝을 놓고 일본군이 상자를 열어서 벌에 뜯길 때를 틈타 모조리 무찔렀다. 그리고 그다음에 또 일본군 앞에 궤짝을 갖다 놓

왔다. 바짝 약이 오른 일본군은 상자에 불을 질렀고, 그 순간 엄청난 폭발음과 함께 붕붕 날아갔다. 상자에 폭탄을 넣어 두었던 것이다.

곽재우는 결코 같은 작전을 두 번 이상 쓰지 않았고, 항상 적의 예상을 뛰어넘는 작전을 세워 그들의 허를 찔렀다. 어쩌면 곽재우는 동료들에게 이렇게 말했을지도 모른다.

"우리는 살기 위해 싸우는 것이지, 죽기 위해 싸우는 것이 아니다."

곽재우의 기상이 가장 분명하게 드러난 것은 전쟁이 끝난 뒤 일본과의 화친을 주장했을 때다. 몇 안 되는 '살아남은' 전쟁 영웅 곽재우가 일본과 화친해야 한다는 상소를 올린 것이다. 비록 전쟁은 끝났지만 조선인에게 일본은 후손 대대로 용서하려야 할 수 없는 불구대천의 원수라는 인식이 맹렬하던 즈음이었다.

곽재우의 친구들 가운데는 진주성에서 죽어간 황진과 6만 백성들이 대체 무엇이라 하겠느냐며 그를 비난한 이도 있었을 것이다. 실제로 곽재우와 함께 남명 조식(조선 중기의 대학자)을 스승으로 모시던 북인들은 그를 격렬하게 비난한다. 실록을 쓰는 사관들조차 곽재우의 공을 칭찬하면서도 '화친을 주장한 건 곽재우가 공부를 안 한 탓'이라는 식의 기록을 남길 정도였다. 그러나 곽재우는 당당했다. 상소의 일부를 살펴보자.

"화친을 믿고서 방비할 것을 잊는 자는 망하는 것이요, 화친을 말하면서도 마음을 다해 노력하는 자는 보존되는 것입니다. 적을 게으르게 하고 백성을 쉬게 하는 방법으로 화친보다 나은 것은 없습니다."

뒷받침할 능력이 없는 대의명분만 내세우기보다는 안정과 재건을 위해 굴욕을 감수하는 게 낫다는 것이다. 곽재우 역시 자신의 주장이 받아들여지리라고는 생각하지 않았을 것이다. 임금부터 천민까지 일본이라면 이를 박박 가는 상황에서 어찌 화친 주장이 받아들여질 것이라고 상상할 수 있었으랴. 그러나 곽재우는 자신의 주장을 굽히지 않는다. 어쩌면 그 순간이 그에게는 황진의 진주성이었을지도 모른다. 자신은 모욕당하고 무시당할망정 백성의 안전을 위해서 물불 가리지 않고 뛰어들 수밖에 없는 무대 말이다. 그렇게 곽재우는 자신의 의를 지켰고, 자신의 선택이 비겁함의 결과가 아님을 증명한다. 곽재우는 황진을 두고 이렇게 중얼거렸을지도 모른다.

"진주성에 들어가던 자네의 심정을 이제 확실히 알겠네."

곽재우와 황진, 둘 가운데 누가 옳다고 말할 수는 없다. 곽재우의 선택은 언뜻 비겁해 보이나 지극히 현명했다. 황진의 선택은 무모해 보이나 그만한 가치가 있었다. 황진을 비롯한 진주성 방위군이 후퇴하고 진주성을 비웠더라도 살기등등한 10만 일본군이 빈 성만 차지하고 고이 돌아간다는 보장은 어디에도 없기 때문이다.

오늘날의 우리도 종종 이런 선택의 갈림길에 놓인다. 그때 우리는 이 두 사람의 삶의 궤적을 떠올려 볼 수 있을 것이다. 지혜롭되 비겁하지 않고, 용감하되 무모하지 않을 것. 더 많은 사람의 평안과 이익을 위해서 자신의 정성을 아끼지 않을 것. 곽재우와 황진은 우리에게 그런 당부를 남기고 있는 것은 아닐까.

04

권력에 맞선
조선의 예술가,

김성기

김성기金聖基(器), 1649~1724년   조선 시대의 가객으로, 거문고, 통소, 비파의 명인
이다. 권세가 목호룡이 자신을 위해 연주를 하라며 잔치에 초대했으나, 권력을 얻
기 위해 수십 명을 죽인 목호룡을 혐오해 단박에 거절했다.

"한 번 죽는 것 외에
내 무슨 죄를
더 받겠는가."

인류의 오랜 역사 속에서 예술은 대개 정치, 사회 권력층과 가까운 곳에 있어 왔다. 〈아서 왕 이야기〉 같은 기사도 이야기를 읊던 음유 시인들은 중세 궁정의 사랑을 받았고, 음악가들은 귀족들의 보호와 후원을 받으며 그들을 즐겁게 하는 음악에 골몰했다. 미술도 다르지 않았다. 그 유명한 레오나르도 다빈치를 비롯하여 세계 미술사를 빛낸 수많은 화가와 조각가가 내로라하는 권력자들의 그늘 아래에서 능력을 펼쳤다. 하지만 본질적으로 인간 본연의 정서를 자극하는 창조적 활동이라 할 예술은 또 한편으로 귀족의 전유물로부터 벗어나 보다 많은 사람에게 다가갔고, 인류의 역사를 풍성하게 만들어 왔다. 그 한 예로 서양 음악의 역사를 잠깐 들춰 보자.

18세기의 대음악가 하이든은 귀족 집안에서 하인 복장을 하고 하인들과 생활하며 귀족을 위해 음악을 했다. 모차르트 역시 크게 다르지

양심을 지킨 사람들

않았다. 그러나 이 '음악의 신동'은 작품을 통해, 또 기이한 행동들을 통해 귀족 중심의 질서에 곧잘 반발했다. 신분 제도에 대한 저항 의식을 담은 모차르트의 오페라 〈피가로의 결혼〉은 오스트리아 황제에 의해 금지되기도 했는데, "이 위험한 시기에 사람들을 자극할 수 있는 내용의 오페라는 상연할 수 없다."는 것이 황제의 입장이었다.

하인 복장으로 평생을 지낸 하이든과, 귀족 중심 질서에 편입되어 살아가면서도 때때로 반항했던 모차르트를 거쳐 '악성(樂聖)' 베토벤의 시대에 이르면 음악은 마침내 귀족의 '보호'로부터 벗어난다. 베토벤이 혁명과 자유의 수호자로서 나폴레옹을 흠모하여 교향곡을 작곡하고 첫 장에 "보나파르트에게"라고 썼다가 나폴레옹의 황제 즉위 소식을 듣고 격노하여 첫 장을 갈가리 찢어 버리고 "영웅"이라는 이름을 붙인 일화는 잘 알려져 있다. 그는 황제와 귀족이 지배하는 세상에 대한 저항 의식을 가지고 있었고, 예술가로서 그리고 시민으로서 부당한 권력에 굴복하지 않았다.

한번은 이런 일도 있었다. 1806년 오스트리아 빈은 프랑스군이 점령한 상태였는데, 베토벤의 유력한 후원자인 리히노프스키 공작이 프랑스 고위급 인사를 초청해 빈에서 음악회를 열고 베토벤에게 연주를 부탁한다. 베토벤은 요구를 완강히 거절했고, 심지어 자리를 박차고 나가 버렸다. 베토벤의 측근이자 제자인 페르디난트 리스에 따르면 의자를 들어 공작을 내려치려고도 했다고 한다. 유럽을 제패하고 오스트리아 수도를 점령한 정복자들 앞에서 말이다. 베토벤은 공작에게 보낸 편지에 이렇게 쓴다.

"당신 같은 귀족은 수백 명이 넘지만 예술가 베토벤은 단 한 사람뿐입니다."

조선의 천재 음악가

권력을 이용해 남을 내리누르는 압제자를 위한 연주를 거부하며 예술가로서의 자존심을 지킨 베토벤. 그와 비슷한 사람이 우리 역사에도 있다. 조선 중기에 등장한 거문고, 퉁소의 명인 김성기다.

김성기는 음악에 천부적인 재능을 가진 사람이었다. 그는 원래 상의원이라는 관청에서 활을 만들던 장인이었는데 활보다는 음악에 취미가 있어 툭하면 자신의 임무를 접어 두고 음악의 세계를 탐했고, 우여곡절 끝에 왕세기라는 음악의 대가로부터 거문고를 배운다.

김성기는 왕세기가 새로운 가락을 만들면 바로 다음 날 한 치의 오차도 없이 똑같이 연주해 내는 재주를 보였다. 작곡할 때 함께했던 것도 아니요, 되레 비밀에 부쳐 얼씬도 못 하게 했음에도 김성기는 왕세기가 심혈을 기울여 만든 가락을 하루 사이에 자신의 것으로 만들었다. 왕세기는 어처구니도 없고 약이 오르기도 했겠지만 감탄이 더 컸을 것이다.

'도대체 저놈은 어떻게 저런 재주를 부리는 것인가.'

김성기가 음악의 천재인 것은 분명했다. 그러나 단 한 번 듣고 스승의 역작을 그대로 옮길 수 있었던 데에는 이유가 있었다. 그 비결은 엿

듣기였다. 야심한 시각, 왕세기가 거문고를 뚱땅거리며 가락 만들기에 열중할 때 김성기 역시 밤잠을 포기한 채 창문 밖에 앉아 스승의 곡을 들으며 밤을 지새운 것이다.

어느 날 새로운 악상에 사로잡힌 왕세기는 한밤중에 거문고를 탄다. 자정이 넘어 천지가 고요한 밤, 맑고 선명하면서도 사람의 마음을 구슬프게 울려 대는 거문고 가락이 왕세기의 집 주위로 봄꽃 향기처럼 퍼졌다. 그런데 한참을 연주하던 왕세기가 갑자기 거문고 타기를 멈추고 벌떡 일어나 창문을 열어젖혔다. 예술가의 예민한 귀에 바깥에서 들려오는 바스락 소리가 잡힌 것이다. 왕세기가 창문을 열자 검은 그림자 하나가 펄쩍 뛰며 "아이코." 하고 땅에 나뒹굴었다. 왕세기가 소리쳤다.

"웬 놈이냐! 웬 놈인데 남의 방문 앞에서 뭘 하는 것이냐."

아마 몽둥이 들고 뛰쳐나갈 기세로 말했을 것이다. 장안에 소문이 자자한 자신의 명품 거문고를 노리는 도둑이 아닐까, 의심도 했을 것이다. "게 꼼짝 말거라!" 외치는 왕세기를 향해 검은 그림자가 다 죽어 가는 목소리로 말했다.

"아이고, 스승님. 저 성기입니다."

"성기? 김성기? 아니, 네가 왜 거기 있느냐."

"죄송합니다. 종종 스승님 방 앞에서 밤새우며 스승님 가락을 들었습니다."

왕세기는 그제야 상황을 파악한다. 자신이 새로 만든 가락을 귀신같이 따라하던 김성기의 비밀이 밝혀진 것이다. 왕세기가 좀스러운 사람이었다면 "이 또한 도둑질이 아니냐. 내 보기에 그릇이 아니면 내 음률을 전하지 않을 것인데 네 어찌 이렇게 도둑질을 하는 것이냐." 하며 불호령을 내렸을 것이다. 그러나 왕세기는 그런 사람이 아니었다. 자신의 제자에게서 뿜어져 나오는 천재의 기운을 알아챌 만한 안목을 지닌 예술가였다. 캄캄한 밤, 땅바닥에 엎드려 벌벌 떠는 제자와 거문고를 들고 그를 내려다보는 스승 사이에는 이런 대화가 오가지 않았을까.

"스승님, 다시는 이런 일이 없을 것이오니….".

"네 어찌 이런 일이 다시 없을 것이라 한단 말이냐."

"맹세하옵니다. 다시는 이런 일이 없도록….".

"그래. 다시는 밤에 몰래 기어들어 창문 밖에서 도둑 듣기 하지 말고 당당히 나를 찾도록 해라."

그리고 고개를 번쩍 든 제자에게 왕세기는 이렇게 말했으리라.

"내 모든 것을 너에게 전수할 것이다."

19세기 조선의 천재 시인이라 일컬어지는 조수삼은 그의 책《추재기이》에서 이 사건을 칠언절구로 묘사한다.

새로 지은 몇 곡조를 연습하던 중에[幾曲新飜捻帶中]

창문 열다 제자 만나 신기에 탄복하였네[拓窓相見歎神工].

물고기 나오고 학도 내려앉는 곡조를 이제 전수하니[出魚降鶴今全授]

네게 바라기는 후예를 쏴 죽인 일이 다시 없을지어다[戒汝休關射羿弓].

앞의 두 개 구(句)는 왕세기와 김성기의 일을 묘사한 것이고, 세 번째 구는 중국의 거문고 명인 호파가 거문고를 타면 "물고기가 물 밖으로 뛰어나오고 학이 날아와 춤을 추었다."는 전설을 인용한 것이다. 네 번째 구의 "예(羿)"는 태양을 쏘아 떨어뜨렸다는 고대 중국의 명궁 후예를 말한다. 방몽이라는 사람이 후예로부터 활을 배웠는데, 스승의 비결을 모두 습득한 뒤 세상에 자신보다 나은 자는 스승뿐이라고 생각하여 후예를 쏘아 죽였다는 중국 고대 전설을 빗댄 것이다. 맹자는 이 일을 논하면서 제자를 잘못 거둔 후예에게도 죄가 없다고는 할 수 없다고 했지만, 조수삼은 이를 통해 왕세기와 김성기 사이에 있던 사제지간의 계승과 존중의 미담을 강조하고 싶었던 것으로 보인다. 왕세기는 김성기에게 이렇게 말하며 너털웃음을 웃었을지도 모른다.

"너는 조만간 나를 넘어설 것이다. 하지만 그렇다고 스승을 홀대하진 말거라, 허허허."

김성기는 이후 괄목상대, 일취월장하며 명인의 길로 내달린다. 김성기와 동시대를 살아간 선비 김창업은 그의 문집 《노가재집》에서 김성기를 이렇게 묘사한다.

"어은(김성기의 호)은 천지 사이에서 소요하는 한가한 사람이다. 깨닫지 못한 음률이 없다. 성품이 강산을 좋아하여 서강가에 집을 얽어매어 놓고서 호를 어은이라 했다. 날이 갠 아침이나 달빛 환한 밤이면 버드나무 드리운 낚시터에 앉아서 거문고를 연주하기도 하고, 안개 낀 강물을 희롱하며 퉁소를 불기도 했다. 갈매기를 가까이하면서 세상 욕심을 잊었고, 물고기를 내려다보며 그 즐거움을 알아냈다. (중략) 어은이야말로 자기가 즐기고자 한 것을 즐기면서 가곡에서 명성을 날린 분이라고 해야겠다."◆

자연과 벗하며 자연에서 울려 나오는 흥과 소리에서 영감을 받아 곡을 만들고 악보를 쓰고 제자들을 가르친 그는 가히 조선 중기를 장식한 음악의 천재였다. 왕실 종친인 남원군이 그 앞에서 깍듯이 스승 예우를 하며 음률을 배웠을 정도다. 남원군의 주변 사람은 남원군에게 이런 충고를 하기도 했다.

"나으리. 종실 체면이 있지, 양반도 아닌 사람인데 음악을 좀 한다고 그렇게 스승님, 스승님 하며 따르실 일이 무엇입니까. 부디 체통을 지키시는 게 좋을 것 같습니다."

같은 시기 서양의 귀족들도 음악가에게 똑같은 대접을 하고 있었을 것이다. 자신의 아들딸에게는 이렇게 말했으리라.

"음악 선생이라 해도 미천한 신분임을 잊지 말거라. 우리의 하인 아니겠느냐."

하지만 남원군은 달랐다. 남원군은 왕실 종친의 체통을 걱정하는 이에게 딱 잘라 말한다.

"재능이 있는 곳이 바로 스승이 있는 곳이다. 나는 재능을 스승으로 삼을 뿐 귀천이 있고 없고는 모른다."

하지만 어디 남원군 같은 사람이 흔할까. 그것은 그 시대의 동양이나 서양이나 마찬가지였다. 예술가는 귀족의 즐거움을 위해 일해야 했고, 귀족의 장식품 노릇을 마다하지 않아야 했으며, 자신의 예술적 자존감 따위는 권력자의 헛기침 한 번에 저 멀리 팽개쳐야 했다. 김성기도 예외가 아니었다.

비파를 내동댕이치다

1722년 오랫동안 왕좌를 지킨 숙종 임금이 죽고 그의 아들 경종이 왕위에 올랐다. 경종은 당쟁의 와중에 희생된 희빈 장씨, 드라마의 주인공으로 수차례 등장한 장희빈의 아들이다.

소론과 남인이 연합하여 노론과 맞서는 상황에서 남인 가문 출신인 장희빈의 아들이 왕위에 오르자 임금이 소론의 편을 들까 걱정한 '노론 4대신(노론을 이끈 네 명의 대신)'은 잇단 무리수를 둔다. 경종의 나이가 많지 않음에도 노론의 지지를 받는 연잉군(훗날의 영조)을 왕세제로 임명하라고 강권한 것은 하나의 예에 불과하다. 몸도 허약하고 정치적 기반도 탄탄하지 못한 경종에게는 무시할 수 없는 압력이었을 것이다.

이즈음 터져 나온 것이 신임사화다. 노론이 임금을 죽이려 한다는 밀고가 경종의 귀에 들어갔고, 경종은 이를 빌미로 노론 4대신을 비롯해 수십 명의 노론 대신을 죽이거나 귀양을 보내거나 조정에서 쫓아냈다. 이 거센 소용돌이의 진원지가 된 밀고자는 지관(풍수지리설에 따라 명당을 가려내는 사람) 목호룡이었다. 목호룡은 이 밀고의 대가로 벼락출세를 한다. 일개 지관이 공신이 되고 동중추부사 벼슬에 동성군이라는 파격적인 칭호까지 얻었으니, 가히 하늘을 나는 새도 떨어뜨릴 세도가가 아닐 수 없었다.

그런데 어느 날 이 신흥 권력자가 잔치에 김성기를 부른다. "손님을 모아 잔치하는 집에서는 아무리 수많은 예인이 대청을 가득 메워도 김성기가 빠지면 모자란 잔치로 여길 정도"◆였다고 하니, 권세의 한가운데에 선 목호룡이 어찌 김성기를 부르지 않았으랴. 자고로 권력자는 자신의 힘을 과시하기 위해 예술을 장식품으로 삼기를 즐긴다. 하이든과 모차르트가 귀족의 생일을 빛내기 위해 정성스럽게 음악을 작곡하고 귀족들이 파티를 하는 내내 팔이 빠져라 지휘를 했던 것처럼, 김성기를 비롯한 조선의 예술가들도 고관대작의 술자리나 기타 모임에 불려 가는 일이 많았다. 물론 하이든이 하인 복장을 하긴 했으나 괜찮은 대접을 받았던 것처럼, 김성기도 명성에 걸맞은 대우를 받았다.

김성기를 데리고 오라는 목호룡의 지시를 받은 목호룡의 하인이 득달같이 서강 나루 근처 김성기의 집으로 달렸다. 하인들과 함께 준마 한 필을 딸려 보냈으니, 딴에는 김성기의 이름값을 후하게 쳐 준 정중한 초대였다. 하지만 김성기는 이 요청을 거부한다.

"오늘 내가 몸이 좋지 않소."

김성기는 별 근거도 없는 밀고로 멀쩡한 대신 수십 명의 목을 날려 버린 목호룡을 혐오하고 있었기에, 막강한 세도를 부리는 목호룡이라 해도 그 집에 가서 거문고를 뜯고 노래할 생각이 전혀 없었다. 목호룡의 하인은 펄쩍 뛰었으나 본인이 안 가겠다는데 방법이 없었다. 하인은 목호룡에게 돌아가 전말을 고했다. 목호룡은 화가 나서 펄쩍 뛰었다.

"천한 것이 오라면 올 것이지, 이 무슨 버르장머리란 말이냐."

불호령이 떨어졌다. 목호룡의 하인은 다시 한 번 씩씩대며 김성기를 찾았다. 사뭇 기세가 등등한 하인은 마치 자기가 목호룡이라도 된 듯 목소리에 잔뜩 힘을 주어 주인의 말을 전한다.

"이러시면 앞으로 좋지 않을 거라고 전하라십니다. 우리 대감마님의

진노가 대단하십니다. 영감 생각해서 하는 소리니 어서 짐을 챙겨 일어
나십시오."

하인이 뭐라고 하거나 말거나 비파 줄을 뜯고 있던 김성기의 손이
파르르 떨렸다. 이윽고 김성기가 몸을 일으켰다. '옳다구나, 이제야 겁
을 먹는군.' 하며 쾌재를 부르던 목호룡 하인의 얼굴이 곧 시퍼렇게 얼
어붙었다. 김성기가 자신 앞에 비파를 내동댕이쳐 버린 것이다.

"가서 호룡에게 전해라! 올해 내 나이 70이다. 어찌 너를 두려워하
랴? 네가 고변(고자질)을 잘한다 하니 나도 고변해서 죽여 보아라!"◆

하인은 허둥지둥 달려가 목호룡에게 이 말을 전했고, 잔치는 그것으
로 끝이 나 버렸다. 목호룡의 흥이 깨졌을 뿐만 아니라 손님들도 그런
말을 들은 주인 앞에서 권주가를 부를 용기가 나지 않았던 것이다.

당시 목호룡은 김성기 정도는 손가락 하나로도 목숨을 빼앗을 수 있
는 권력자였다. 고관대작이라도 목호룡의 속삭임 하나에 목숨이 왔다
갔다 하는 판이었고, 아무리 이름난 집안이라도 그의 초대에 응하지 않
았다가는 무슨 화를 당할지 모르는 때였다. 그런데 사농공상 중 공(工)에
해당하는 신분인 악공 김성기가 그 공포를 걷어차 버렸다.

목호룡이 복수할 것은 분명해 보였지만 하늘은 그에게 많은 시간을
허락하지 않았다. 그는 경종이 죽고 영조가 왕위에 오른 뒤 역적으로 전
락한다. 신임사화의 빌미가 된 목호룡의 밀고가 거짓이었음이 밝혀진
것이다. 이러한 권력의 소용돌이를 지켜보던 김성기는 어지러운 한양성
을 나와 한강변에 초막을 짓고 낚시질하며 남은 생을 보낸다.

예술이 오로지 권력자의 오락을 위해 존재하던 시절, 김성기는 권

력을 위해 도리에 어긋나는 짓도 서슴지 않은 권세가의 요구를 단호하게 거절했다. 프랑스군을 위해 연주해 달라고 요청한 자신의 후원자에게 의자를 쳐들었던 베토벤처럼. 그것은 불의에 저항하는 인간의 결기인 동시에, 자신의 음악을 싸구려 권력에 팔지 않으려는 예술가의 예술혼이기도 했다.

그런 자긍심을 가지고 음악을 갈고닦은 김성기였기에 죽은 지 한 세기가 지나도록 그의 이름이 사람들의 입에 오르내리고 그의 극적인 삶이 기록으로 남아 빛날 수 있었을 것이다. 김성기가 제자들로부터 얼마나 큰 존경을 받았는지는 신익이 쓴 《증이현정서》를 보면 알 수 있다. 김성기가 죽은 뒤 종친인 남원군과 선전관 벼슬을 하던 이현정 등 그의 제자들이 장례를 치르는 대목이다.

"조은(김성기)이 죽자 이현정은 남원군과 함께 시신을 지고 광릉의 산에 가서 장사를 지냈다. 그때 하늘에 뜬 구름의 빛이 바뀌었고, 산골짜기에 어둠이 몰려왔으며, 새와 짐승들은 모여들어 구슬프게 울면서 오르내렸다. 둘은 큰 잔에 술을 따라 무덤 위에 뿌리고 서로 마주 보고 대성통곡을 했다. 통곡을 마치자 거문고를 안고서 제각기 자기가 배운 것을 연주했다. 연주를 채 마치지도 않았는데 백양나무에서 처량한 바람이 일어나 우수수 소리를 내었다. 둘은 거문고를 던지고 다시 대성통곡했다. 길을 지나던 사람들은 아무도 저들이 왜 그러는지를 몰랐다."◆

평생 음악을 즐기며 살았고, 사람들에게 즐거움과 감동을 주는 데 아낌이 없었으며, 자신의 예술혼을 부당한 권력에 팔지 않고 예술의 자존심을 지켰던 한 음악인과 그 제자들의 이별 장면이 그려진다. 종친과 양반이 악공의 무덤에 절을 올리고, 스승이 가르쳐 준 노래를 연주하다 말고 엎드려 울며 헤어짐을 서러워하고, 이제는 영원히 사라진 음악을 아쉬워하는 예술인들의 울음소리가 들려온다. 맑고도 생생한 음률로.

이 글은 안대회의 《벽광나치오》(휴머니스트, 2011) 김성기 편을 주로 참고했습니다. 인용한 문장 은 ◆표시를 했으며 182쪽, 187~188쪽, 200쪽, 206~207쪽에서 가져왔습니다.

05

검사를 고발한
검사,
이준

이준李儁, 1859~1907년　조선 말기의 애국계몽운동가. 검사로 있을 때 상관을 고발해 사법부를 뒤집어 놓고 면직된다. 이후 헤이그 특사로 뽑혀 만국평화회의에 참석하러 가지만 일제의 방해로 실패하고, 울분을 못 이겨 앓다가 순국했다.

"국민의 분원을
풀어 주시기를
청원합니다."

1388년 압록강 가운데에 있는 섬 위화도는 난데없이 모여든 수만 명의 장정들로 몸살을 앓고 있었다. 고려의 요동 정벌군이었다. 남도에서 압록강변 의주까지, 고려 전역에서 끌려온 장정들이 모여 있었다. 각 지방의 사투리가 사방에서 울렸고, 동북면에서 온 여진족은 자기들끼리 모여 여진 말로 웅성거렸다.

정벌군은 억수같이 내리쏟는 장맛비에 물 먹은 솜처럼 늘어져 있었다. 군막을 치고 거적을 깔아도 제대로 몸을 누일 수도 없을 만큼 땅이 질척거렸다. 이러다가 물이 넘치면 요동 땅은 밟아 보지도 못하고 위화도에서 물귀신 되겠다는 탄식이 곳곳에서 터져 나왔지만, 어서 요동으로 건너가야 하지 않겠느냐며 결기를 세우는 사람도 없었다. 강만 넘으면 요동 땅이었지만, 그 낯선 곳에서 누구와 칼을 맞대다가 어떻게 죽어 갈지는 아무도 몰랐다.

병사들에게 명령을 내려야 할 총사령관은 묵묵부답이었다. 연신 남쪽으로 파발을 보내고 며칠째 위화도에서 꿈적을 않는 것으로 보아 이 원정의 실질적인 사령관인 우군도통사 이성계 장군도 고민이 많은 듯했다. 그런데 갑자기 장교들이 요란하게 호각을 불며 병사들을 집합시켰다.

"모이라우!"

"도통사 어른의 분부시다."

"싸게들 나오랑께. 아 싸게싸게!"

"퍼뜩 움직이라카이. 뭐하노!"

각 지방에서 모여든 수만 명의 병사들이 긴장했다. 병사들은 드디어 강을 건너려나 보다고, 전쟁이 시작되나 보다고 생각했다. 그런데 입에서 입으로 전달된 명령은 뜻밖이었다.

"회군한다!"

여기저기서 병사들이 웅성댔다.

"회군이 뭐꼬?"

"군을 돌린다는 것이여."

"뭐이 어드래? 기러문 인차 요동을 치지 않는단 말인가? 전쟁을 아이 한다는 말인데."

위화도 회군이었다. 애당초 요동 정벌에 반대했던 우군도통사 이성계가 마침내 군대를 돌리기로 결정한 것이다. 좌군도통사 조민수는 깜짝 놀라 하얗게 질렸다. 하지만 장군으로서 별로 자질이 없던 그에게 이성계 없이 전쟁을 치른다는 것은 꿈에도 상상할 수 없는 일이었다. 결국 그도 회군에 동의한다. 병사들은 다시 남쪽으로 방향을 틀었다.

병사들이 한창 이동 준비를 하는데 한 장수가 이성계의 군막에 뛰어들었다.

"장군, 이게 대체 무슨 짓이오."

이성계는 뜻밖의 무례함에 눈을 치떴으나 이내 시선을 돌렸다.

"형님, 더는 할 말이 없습니다."

군막으로 뛰어든 장수는 이성계의 이복형, 즉 이성계의 아버지 이자춘이 첩을 들여 낳은 장남 이원계였다. 그 역시 이성계와 함께 동서남북을 누비며 고려를 위해 싸운 장수였다.

"회군이라니! 어명도 없이 회군이라니, 이건 반역이 아니오!"

이원계는 필사적으로 동생 이성계를 말렸지만 이성계는 꼼짝도 하지 않았다. 로마의 카이사르가 루비콘 강을 건너면서 "주사위는 던져졌다."고 했듯 이성계 역시 이원계에게 이렇게 말했는지도 모른다.

"형님, 저는 이미 활을 쏘았습니다."

이원계는 이 회군을 끝내 용납하지 못한다. 그는 고려의 충신이었다. 어명과 군령을 어기고 회군하는 동생을 지지하지 않았고, 동생의 마음이 고려를 무너뜨리고 새 나라를 세우는 데까지 미친 것을 알게 된 뒤 그는 음독 자결한다. 조선 태조 이성계의 형 이원계는 그렇게 망해가는 고려의 마지막 충신 중의 한 명으로 이름을 남긴다.

덤비 이준

조선 왕조의 태조 이성계는 함경도 출신이다. 그가 이끈 동북면, 즉 함경도 병력은 이성계 백전백승 신화의 주역이었다. 고려 시대부터 임진왜란 때까지 이 지역은 최정예 병력의 산실로 이름이 높았다.

그러나 함경도를 기반으로 해서 왕이 된 이성계의 후예들은 바로 그점 때문에 함경도를 경계했다. 특히 조선 세조 때 이시애의 난이 일어난 뒤로 함경도는 '반역향(임금을 배반하고 반란을 일으킨 고장)'으로 찍혀 버렸고, 가끔 과거 급제자가 나오면 '파천황(좀체 있을 수 없는 일이라는 뜻)'이라는 말까지 들을 정도로 이 지역 출신 인물이 출세하기란 어려웠다. 함경도 사람들의 남쪽 이주는 국경 지대 방어를 이유로 금지됐고, 남쪽의 선비들은 함흥 이북을 사실상 오랑캐 땅으로 여겼으며, 함경도 고을들은 귀양지로서만 유명했다. 험한 산골을 비유하는 말로 쓰이는 '삼수갑산(三水甲山)'은 개마고원에 자리한 외진 고을이자 귀양지였던 '삼수'와 '갑산'을 합친 말이며, 두만강변의 경원, 회령 등지도 머나먼 귀양지였다.

북청 사자놀음으로 유명한 북청도 귀양객들이 북적거리던 곳이었다. 오성과 한음으로 유명한 오성 이항복도, 추사체의 창시자인 추사 김정희도 북청으로 귀양 간 적이 있다. 함경도 사람들은 혹독한 기후와 잦은 외침, 중앙 정부의 노골적인 차별과 착취를 견뎌야 했던 만큼 억센 기질의 소유자였는데, 그중에서도 북청 사람들은 '덤비 북청'으로 유명했다. '덤비'는 옳다고 생각하는 일이나 해야 한다고 생각하는 일에는 물불을 가리지 않고 '덤빈다'고 해서 나온 말이다. 이들은 구한말과 일

제 강점기에 서울로 와서는 너무 힘들어 다른 사람들은 손대지 않는 물
장수를 하며 자식 교육을 시킨 것으로 유명하다. 파인 김동환의 시 〈북
청 물장수〉는 북청 물장수의 근면함을 이렇게 칭송한다.

새벽마다 고요히 꿈길을 밟고 와서
머리맡에 찬물을 쏴 퍼붓고는
그만 가슴을 디디면서 멀리 사라지는
북청 물장수

물에 젖은 꿈이
북청 물장수를 부르면
그는 삐걱삐걱 소리를 치며
온 자취도 없이 다시 사라진다

날마다 아침마다 기다려지는
북청 물장수

이 사연 많은 함경도 북청에서 1859년 1월, 조선 태조의 사촌이자 고
려 말의 몇 안 되는 충신인 이원계의 후손으로 한 아이가 태어난다. 초
명은 이성재('이선재'라고도 한다)였으나 나중에 이름을 '준(儁)'으로 바꿔 '이
준'이라 불리게 되는 아이다.

이준이 태어난 시대의 조선은 안동 김씨라는 가문이 쥐락펴락하고

있었다. 왕권은 땅에 떨어져 있었고, 곳곳에서 민란이 일어났다. 극심한 혼란 속에서 이준은 '덤비' 기질 강한 북청 사람으로 무럭무럭 자란다.

한번은 이런 일도 있었다. 이준은 열두 살 때 북청 향시에 응시하는데 좋은 성적을 얻고도 급제하지 못한다. 그러자 이에 분노해서는 답안지를 들고 북청성 남문에 올라 소리를 지르며 지나는 사람들에게 억울함을 호소한다.

"세상에 어찌 이런 일이 있을 수 있단 말입니까."

할아버지 이명집이 함경도 지역의 이름난 유학자였고, 북청 고을 역시 유학 공부한다는 사람이 유달리 많아 "진사(초시 급제자)만 100명"이라고도 했지만, 당시 조선에서 함경도 북청의 전주 이씨라는 출신은 출세와는 거리가 멀었다.

소년 이준은 뜻을 펼치기 위해 무작정 서울로 향했다. 흥선 대원군과 만난 뒤 그의 소개로 형조판서 김병시의 집에 머물렀다는 기록이 있다.

물론 이준의 덤비 기질은 고향을 떠나 서울에 살면서도 변하지 않았다. 하루는 담뱃대 문제로 김병시의 아들이 시비를 건다.

"너 같은 상민은 그런 장죽을 쓰는 게 아니다."

이런 수모를 그냥 넘어갈 이준이 아니었다. 이준은 담뱃대를 세차게 부러뜨리며 큰소리로 꾸짖는다.

"사람 있고 물건 있지, 양반 담뱃대가 사람 위에 있음둥?"

상관을 고발하다

이준의 삶은 그가 살아간 나라의 운명만큼이나 파란만장했다. 그는 함흥 순릉 참봉(종9품 벼슬)으로 있다가 1894년 갑오개혁이 시작된 이후 다시 상경하여 우리나라 최초의 법관 양성소에 들어갔고, 1896년 검사시보(검사가 되기 전 검사의 업무를 제한적으로 수행하는 직책)에 임명되지만 오래가지 못한다. 그해에 있었던 아관 파천으로 친일 개화파가 몰락하면서 그 역시 일본에 망명해야 했던 것이다.

일본 와세다 대학에서 법학을 공부한 그는 우리나라 최초의 사회·정치 단체인 독립협회 활동에도 참여하여 만민공동회를 주도했고, 일본의 황무지 개간권 요구를 무산시킨 보안회 활동에도 열심이었으며, 국채보상운동의 한가운데에도 서 있었다. 세상의 변화를 받아들이지 않는 수구적인 대신들을 열혈 개화파로서 매섭게 공박하여 매를 맞고 감옥에 갇히고 섬에 유배되기도 했던 이준은, 1905년 러일 전쟁에서 승리한 일본이 대한제국의 외교권을 박탈하기 위해 강제로 을사늑약을 체결한 뒤로 일본에 대한 배신감에 몸을 떨며 을사늑약 반대 운동과 애국 계몽 활동을 전개했다.

그리고 1906년 그에게 가장 걸맞은 역할을 맡게 된다. 평리원 검사, 즉 오늘날의 검사와 이름도, 직분도 같은 관직에 임명된 것이다. 이준의 사위가 남긴 기록에 따르면 매국노 대신들이 이준을 회유, 견제하기 위해 정부의 중요한 자리를 주되 지위는 높지만 실권은 없는 자리를 주고자 했고, 이준이 호랑이 굴에 들어간다는 결심으로 "평리원 검사라면

해 보겠다."고 하여 임용됐다고 한다.

한때 평리원에 의해 기소돼 매질을 당하기도 한 '전과자' 이준 검사는 짧은 검사 생활 동안 검사가 지녀야 할 덕목이 무엇인지를 온몸으로 보여 준다. 한 예로 이준이 맡았던 이재규 토지 강탈 사건을 들 수 있다. 황족인 이재규가 일본인 등과 부화뇌동하여 경기도 가평군에 있는 논밭의 문권과 증권을 위조해 자기 소유로 만들고 황족의 지위를 이용하여 토지를 빼앗은 사건인데, 이준은 이재규에게 자그마치 징역 10년을 구형하여 거만하게 앉아 있던 황족을 기겁하게 만든다.

이준 검사의 활약은 여기서 그치지 않는다. 1906년 황태자인 순종의 재혼 가례를 맞이하여 고종 황제가 특사령을 내리는데, 이때 이준 검사는 을사늑약 반대 운동을 했거나 매국노 처단을 시도하다가 체포된 이들을 특별 사면 명단에 끼워 넣는다. 외교권을 빼앗긴 식민지의 검사가 독립운동가 사면을 요청한 것이다. 결국 법부의 상관들은 이준이 제출한 명단에서 몇몇 이름을 지우고 특별 사면 명단을 작성한다. 그러자 이준이 발끈한다.

"이보시오, 김낙헌 국장님(형사국장). 제가 올린 명단에서 곡산 민요(民擾) 사건 장두형 등 3인, 매국노 모살 미수 사건 김일제 등 10인의 이름이 왜 빠졌습니까?"

"어허, 그들을 특사시켜 보게. 일본인들이 가만히 있겠는가. 대신들도 자기를 죽이려 한 사람들을 풀어 주는데 얌전히 있겠나? 왜 이리 세상 물정을 모르는가."

"공식적으로 제출된 특사 명단을 함부로 삭제하여 위로는 황제 폐하의 은혜를 배신하고, 아래로는 죄수를 원통케 해서 나라에 불화를 일으켰으니, 국장님은 형법대전 제331조에 따라 처벌 또는 파면되는 죄를 저지르신 겁니다!"

"뭐라고? 아니, 이 사람이! 지금 상관을 고발하겠다는 거야?"

이준은 실제로 그렇게 했다. 법부 형사국장을 기소한 것이다. 법부는 발칵 뒤집혔고, 하극상이라며 이준을 체포, 구속했다. 그러나 이준은 꿈쩍도 하지 않는다. 오히려 부당한 체포를 이유로 동료 검사와 법부 관리를 고소한다.

"대체 검사도 아닌 법부 문서과장이 무슨 권리로 나를 체포하라 마라 하는 명령을 내리는 것이며, 검사는 왜 부당한 명령을 본부에 보고도 없이 집행한 것인가. 임금이 잘못하면 신하가 간하고 아버지가 잘못하면 아들이 간하는 것인데 상관이 법을 공정하게 집행하지 못함에 어찌 하관이 이를 논하여 책망하지 못한단 말인가."

함경도 북청 덤비 기질은 막무가내로 빛났다. 을사늑약 이후 침울해하던 대한제국의 국민들은 그런 이준에 열광했다. 법대로 하라며 을사늑약 반대 운동 혐의자들을 석방하려 들고, 이를 가로막는 법부 관리들을 고발하고, 처벌을 받게 된 상황에서도 고개를 뻣뻣이 들고 거침없이 달려드는 돈키호테 같은 검사 이준을 응원했다. 법부는 이준의 재판 때 혹시라도 민중의 폭동이 일어날까 봐 일본 통감부에 경비 강화를 의뢰했다. 이에 대한 일본 측 기록은 다음과 같다.

"평리원은 내일 아침 이준을 끌어내 재판 판결을 내리려고 한다. 이에 대하여 또 혹시 인민 폭동이 일어나지 않는다는 보장이 없으므로 법부대신이 통감대리에게 교섭하여 왔다. 통감대리는 만일의 사태를 우려하여 헌병에게 다소의 경계를 강화시킬 것이다. 이준은 청년회와 자강회에 가입하여 양 회 내에서 다소의 세력을 가지고 전부터 허영을 탐하는 교활한 인물이다."

"다소의 세력을 가지고 전부터 허영을 탐하는 교활한 인물"이라는 일본 측의 평을 뒤집으면 '민중으로부터 상당한 지지를 얻고 있으며 이전부터 일본의 조선 통치에 사사건건 시비를 걸던 지혜로운 인물'이라는 뜻이 되겠다.

이준은 일본군이 경비를 선 재판에서 태형 100대를 선고받는다. 태형 100대면 자동 파직이었다. 그런데 이때 운명적인 인물이 개입한다. 고종 황제가 태형 100대를 70대로 줄여 주어 검사직을 유지할 수 있게 해 준 것이다.

태형까지 선고받았음에도 이준의 기는 꺾이지 않는다. 오히려 더 큰 사고를 친다. 1907년 3월 16일, 참정대신 박제순에게 법부대신과 평리원 재판장 이하 법부 관리 전원을 면직하고 처벌해 달라는 내용의 청원을 제출한 것이다.

"본인이 검사된 몸으로 국가의 막중한 형법을 사사로이 유린함을 보고 공분을 참을 수 없어 본부에 한 차례 기소하고 한 차례 청원하였으나 모두 수리하지 않았습니다. (중략) 법부대신 및 평리원 재판장 이하 제범을 모두 상주하여 면관하고 체포, 처벌하여 나라의 헌장을 바로잡고 국민의 분원(忿怨)을 풀어 주시기를 이에 청원합니다."

하늘 같은 법부대신과 재판장을 비롯해 법부 관리를 모조리 고발하여 법을 바로 세우고 국민의 억울함을 풀어 주겠다는 것이었다. 질려 버린 법부대신 이하영은 고종 황제에게 이준의 면직을 청했고, 고종은 이를 수용한다. 이렇게 해서 짧지만 파란만장했던 이준의 검사 생활은 끝이 난다.

고종 황제는 이 맹랑하기 이를 데 없지만 곧고 바른 전직 검사를 눈여겨본다. 그리고 얼마 뒤 이준을 은밀하게 불러낸다. 당시 고종은 일본의 감시를 받고 있었으므로 제대로 된 절차를 밟기보다는 첩보전에 가까운 만남을 가졌을 것이다. 일설에 따르면 을사늑약이 체결됐을 때 함께 도끼를 들고 시위했던 전덕기 목사가 자신의 친척인 궁궐 상궁으로부터 어명을 전해 받아 교회 지하실에서 이준에게 전달했다고 한다.

"헤이그에서 만국평화회의가 열린다. 그 회의에 참석하여 일제의 만행을 규탄하고 강제로 체결된 을사늑약의 무효를 설득하라."

구한말의 격동기에 강대국 사이에서 줄타기를 하며 살아남아 온 임금의 마지막 발버둥이었다.

"블라디보스토크에 가서 전 의정부 참찬 이상설을 만나 함께 네덜란드로 가거라. 그리고 페테르부르크에 가면 이범진 공사가 도움을 줄 것이다."

이상설이 정사(正使), 이준은 부사(副使)였다. 여기에 이범진 공사의 아들 이위종이 합류하면서 3인의 헤이그 특사가 구성된다.

쓰라린 실패

출발 전 이준의 마음은 어땠을까. 막내딸은 이제 열두 살이고, 일찍 시집보낸 딸에게서 본 외손주는 태어난 지 몇 개월도 채 되지 않은 상황이었다. 이준이 독립협회다, 보안회다, 이리저리 밖으로 떠돌고 감옥까지 드나들 때 당시로서는 파격적으로 상점을 직접 경영하며 가정을 지탱하고 남편을 뒷바라지하던 부인의 얼굴도 떠올랐을 것이다.

특사의 임무는 그야말로 기약이 없었다. 살아 돌아올 수 있을지, 살아 돌아온다 하더라도 그 뒤에 어떻게 될지 아무것도 몰랐다. 일본의 꼭두각시가 된 대한제국의 법정이 훗날 이상설에게 사형, 이준과 이위종에게 종신형을 선고한 것으로 미루어 짐작할 수 있다.

이준의 망설임은 길지 않았을 것이다. 아니, 어쩌면 망설이지 않았을지도 모른다. 그는 나이 열두 살에 북청성 남문에 올라 과거 시험의 불의함을 호소한 사람이었고, 을사늑약을 폐기하든지 도끼로 목을 치든지 하라며 목소리를 높이던 시위대의 한 사람이었고, 잘못이 있으면 자신의 상관들까지도 서슴없이 고발하는 꼿꼿한 검사였다. 오히려 그는 고종이 있던 경복궁을 향해 큰절하며 외쳤을지도 모른다.

"황제 폐하, 장부로서 마땅히 죽을 곳을 주시니 은혜가 바다와 같사옵니다."

1907년 4월 22일, 이준은 아내에게도 자신의 임무를 숨긴 채 길을 떠난다. "부산에 며칠 다녀오겠소."가 이준이 아내에게 남긴 마지막 말이었다. 첫 번째 목적지는 부산이었다. 그는 부산에서 배를 타고 연해주

블라디보스토크로 간 뒤 그곳에서 연해주 동포들의 모금을 받아 대륙을 횡단하여 네덜란드 헤이그로 향했다. 송별연 자리에서 그는 진시황을 노린 자객 형가의 시를 인용한다.

가을바람 쓸쓸한데 물조차 차구나[秋風蕭蕭兮 易水寒].
대장부 한 번 가면 돌아오지 않으리[壯士一去兮 不復還].

천신만고 끝에 3인의 특사는 헤이그 땅을 밟는다. 그러나 헤이그에서 그들을 발견하고 경악한 일본 측은 갖가지 방법을 동원하여 만국평화회의 참석을 막는다. 세 사람은 대한제국의 처지를 안타깝게 여기던 러시아 대표 넬리도프에게 기대를 걸었으나 러시아 정부는 이미 대한제국 대표를 돕지 말라는 훈령을 내린 상태였다. 최강대국 영국은 일본의 동맹국이었으며, 미국은 일본과 가쓰라 태프트 밀약을 체결하여 미국이 필리핀을, 일본이 대한제국을 차지하는 데 서로 간섭하지 않기로 한 상황이었다. 프랑스도, 네덜란드도 대한제국의 호소에 귀 기울여 주려고 하지 않았다.

끝내 만국평화회의 참석이 좌절되자 이준은 분노와 상심으로 건강을 잃는다. 얼마나 어려운 길이었던가. 얼마나 머나먼 여정이었던가. 얼마나 할 말이 많았던가. 그 모든 노력이 물거품이 됐다는 것은 이준으로서는 돌이키기 어려운 고통이었을 것이다.

1907년 7월 14일, 이준은 헤이그의 한 호텔 방에서 숨을 거둔다. 그 비통함이 넘쳐서일까. 대한제국의 언론은 그가 할복하여 내장을 각국

만국평화회의

'만국평화회의' 또는 '헤이그 회담'이라고 부르는 이 국제회의는 네덜란드 헤이그에서 1899년과 1907년에 열린 국제 평화 회담이다. 육상, 해상에서 전쟁을 벌일 때 지켜야 할 규범을 정하고 국제적 분쟁을 평화적으로 해결하기 위해 만들어졌다. 첫 회의는 러시아 황제 니콜라스 2세의 제안으로, 두 번째 회의는 미국 대통령 시어도어 루스벨트의 요청으로 열렸다.

학자에 따라서 만국평화회의를 국제연맹이나 국제연합 등 세계 평화를 지향하는 국가 간 회의체의 출발로 보는 의견도 있다. 실제로 이 회의에서 출발한 국제중재재판소는 오늘날까지도 세계 평화에 이바지하고 있다. 그러나 1907년 만국평화회의는 기울어져 가던 대한제국에게는 매우 쓰라린 역사의 현장으로 남는다.

이 회의에는 47개국이 초청되었는데 1차 회의의 초청국 명단에는 대한제국도 있었다. 1차 회의가 열린 1898년에는 당당한 독립국이었기 때문이다. 반면 1907년 2차 회의 때는 상황이 달랐다. 1905년 을사늑약으로 외교권을 박탈당한 것이다. 그럼에도 고종은 3인의 특사를 파견하여 국제 사회에 일본의 야만적 침략을 호소하고자 했다. 그러나 국제 사회는 냉정했다. 러시아까지 물리친 신흥 강대국 일본의 비위를 거스르면서 대한제국을 도와줄 나라는 없었다.

특사 파견 소식은 금세 일본으로 전해졌고 이토 히로부미는 대한제국 총리대신 이완용을 불러 "밀사 파견은 조약 위반이며 일본은 조선에 선전포고할 권리가 있다."고 협박했다. 친일 조직인 일진회를 이끌던 송병준은 고종 황제에게 "일본에 건너가 천황에게 사과하든지 조선 주둔군 사령관에게 사과하든지 하라."는 폭언을 서슴지 않았다. 결국 고종 황제는 압박에 못 이겨 제위에서 물러났고, 황제의 자리를 아들 순종에게 물려주어야 했다.

대표들 앞에 뿌렸다고 보도한다. 그러나 오랜 시간이 지난 뒤에 당시 언론의 보도는 사실이 아니며 이준은 분을 이기지 못해 앓다가 병사한 것으로 밝혀진다. 그가 자결을 했다고 해서 그 의기가 더 높아지는 것은 아니며 병사했다고 특사의 의미가 줄어드는 것도 아닐 것이다.

러일전쟁 당시 일본을 돕자며 기부금까지 모았던 이준은(러시아에 대한 일본의 승리를 백인 제국주의자에 대한 황인종의 승리로 보는 시각은 당시 아시아인에게 매우 일반적이었다), 믿었던 일본에게 배신당한 아픔을 극복하고 빼앗긴 나라를 되찾기 위해 안간힘을 쓴 이준은 자신의 열정과 기력을 모두 소진한 채 죽어 갔다. 그의 유언은 무엇이었을까. 마지막까지 그는 무슨 말을 하려고 했을까. 그의 16대조 이원계는 저승에서 후손 이준을 맞으며 이렇게 물었을지도 모른다.

"망해 가는 나라만큼 덧없는 것은 없을지도 모른다. 나는 성계의 욕심에 따를 수 없어 스스로 목숨을 끊었다만 너는 왜 너를 그 지경으로 몰았느냐."

그러면 이준은 어릴 때 배운 《논어》를 들어 대답했을 것이다.

"공자가 말하기를 지사(志士)와 어진 이는 삶에 연연하여 인(仁)을 해치지 않고 오히려 목숨을 바쳐 인을 이룬다 했습니다. 어찌 성현의 말씀을 잊을 수 있겠습니까."

06

백정해방운동을
이끈 양반,
강상호

강상호姜相鎬, 1887~1957년　독립운동가이자 인권운동가. 양반 출신임에도 '모든 인간은 평등하다'는 신념을 가지고 백정해방운동인 형평운동을 이끌었다.

"백정도 사람이고 양반도 사람이다. 인간은 저울처럼 평등하다."

1894년 조선의 신분 제도가 폐지되었지만 오늘날에도 '백정'이라는 말을 함부로 썼다가는 무슨 봉변을 당할지 모른다. 조선 왕조 시대는 말할 것도 없고, 일제 강점기 때까지도 백정이란 인도의 불가촉천민에 맞먹는 천인 집단이었다. 백정 남자는 장가를 들어도 상투를 틀지 못했고, 여자는 결혼해도 비녀를 꽂지 못했다.

남들이 꺼리는 도축을 직업으로 삼았기에 경제적으로 성공한 경우도 있었지만 기와집과 비단옷은 금물이었고, 서민에게 관복과 승마가 허락되던 혼례 날에도 백정 신랑이 말을 타고 다니다가는 말에서 끌어내려 내동댕이쳐지기 십상이었다. 더 안타까운 것은 양반 앞에서는 꼼짝도 못 하고 설설 기던 농민들도 백정이라면 흰 눈부터 떴다. 기생들 역시 백정을 벌레 보듯 했다. 백정은 성인이 되어도 상민의 자제에게 존댓말을 써야 했고, "너도 말을 해봐!" 할 때까지 입을 닫고 기다려야 했다.

양심을 지킨 사람들

박경리의 소설 《토지》에는 '백정각시놀이'에 대한 이야기가 나온다.

"단오놀이던지, 아무튼 구경꾼 속에서 백정이 딸 하나를 잡아낸 기라요. (중략) 그 이쁜 가시나를 엎어뜨리놓고 장정들이 번갈아서 올라타고 '이랴! 이놈의 소가 와 안 가노!' 함시로 엉덩이를 철벅철벅 때리는 기라요. 뿐이겠소? 목에다 새끼줄을 걸고 네 발로 기게 하고 구경꾼 앞을 돌아댕기는데, 그 애비가 소개기(소고기)를 가져와서 게우 풀리났지마는 좀 안된 생각도 들고."

백정각시놀이는 백정 집 여자들이 눈에 띄면 그야말로 짐승처럼, 장난감처럼 '가지고 노는' 못된 풍습이었다. 이 일을 당한 여자 여럿이 목숨을 끊었다고 할 정도로 야만적이었다.

갑오개혁으로 신분 제도가 철폐되면서 백정에 대한 법적인 차별은 공식적으로 끝났지만, 나라법이 바뀌었답시고 백정이 큰 갓을 쓰고 길을 나섰다가는 뉘 집 멍석에 돌돌 말려 누구 몽둥이에 목숨을 잃을지 몰랐다. 심지어 일제가 들어선 뒤에도 그랬다. 법적으로는 평등했지만 오늘날의 호적이라 할 수 있는 민적에는 '도한(屠漢)', 즉 '도살업을 하는 자'라는 뜻의 굵은 글씨가 항상 박혀 있었다. 이러한 백정 차별은 조선 팔도에서 볼 수 있는 일반적인 현상이었다. 나라가 망하고 세상이 바뀌어도 백정은 계속 백정이었다.

백정들의 고통스러운 삶

경상도 진주는 사연이 많은 고장이다. 임진왜란 때 두 번이나 혈전이 벌어진 것으로 유명하고, 조선 후기 민란의 시발점인 진주 민란의 불꽃이 타오른 곳이기도 하다. 물산이 풍부하고 교통이 편리한 거대한 고을이었기에 뼈대를 자랑하는 양반도 많고 예로부터 지켜 온 전통의 뿌리도 깊다. 이를 달리 말하면 고루한 인습의 위력이 그 어느 곳보다 강하다고 표현할 수 있다. 백정에 대한 차별도 그 어디보다 심했다.

1876년 일본과 강화도 조약을 맺은 조선은 이후 본격적으로 문호를 개방해 근대 문물을 들여왔다. 그렇게 나라 문이 열린 지 수십 년이 지나자 보수적인 진주에도 서양 선교사들의 복음을 받아들인 사람들이 생겨났다. 1905년 설립된 진주교회가 그 시작이었다. 그런데 이 교회를 개척한 커렐 선교사는 어렵게 끌어들인 소중한 신자들이 내세우는 주장에 난감해지고 만다. 백정은 인간이 아니니 함께 예배를 볼 수 없다는 주장이었다.

"백정 놈들은 싹 내보내소. 퍼뜩!"

조선 사람들의 남녀유별은 익히 알고 있었으나 멀쩡한 사람을 두고 사람이 아니니 한자리에 앉을 수 없다고 우기는 데는 대책이 없었다. 커렐 선교사는 어쩔 수 없이 따로 예배를 드리는 것으로 상황을 정리했다.

그러나 1909년 부임한 라이올 선교사는 백정을 차별하는 이들의 주장을 받아들이지 않는다.

"이것은 기독교 정신에 어긋납니다."

원칙적인 그는 백정들과의 동석 예배를 추진한다. 그리고 1909년 5월 둘째 주일, 마침내 열다섯 명의 백정이 쭈뼛쭈뼛 예배당으로 들어온다. 교회에는 한바탕 소동이 벌어진다. 라이올 선교사를 따르던 30여 명을 제외한 수백 명의 교인이 자리를 박차고 나가 버린 것이다.

"내사 백정하고는 같이 천국 안 갈끼라!"

라이올 선교사도 보통내기는 아니어서 "사람을 기쁘게 하는 것보다 하느님을 기쁘게 하는 것이 옳지 않느냐."며 뚝심 있게 버틴다. 그러나 49일간의 분쟁 끝에 라이올 선교사는 결국 이전처럼 따로 예배드리는 것에 동의하고 만다.

이런 사건들은 진주 지역에 적잖은 파문을 던진다. "하느님 앞에서 우리는 모두 한 형제입니다."라고 부르짖는 목사의 설교가 사람들의 가슴속에 의문 한 자락씩을 피어나게 한 것이다. 백정이 뭐기에 차별을 한단 말인가. 소 잡는 것이 그렇게 죄인가? 백정이 없으면 진주냉면 위의 육전은 무엇으로 만들며 진주비빔밥 고명의 핵심인 육회는 무슨 수로 마련한단 말인가. 백정들도, 백정이 아닌 사람들도 생각을 달리하기 시작했다. 그러나 수백 년의 세월이 사람들의 머릿속에 새긴 편견의 벽은 쉽게 무너지지 않는다.

1919년 3.1 운동의 폭풍이 온 조선을 휩쓸고 간 뒤의 어느 날, 진주의 어느 동네에서 끔찍한 일이 벌어진다. 젊은이들 몇 명이 막무가내로 백정을 끌고 와 개를 잡으라고 협박한 것이다. 하지만 백정은 고개를 저으며 거부했다.

"못 잡겠소."

이 말을 들은 젊은이들은 격하게 화를 내며 백정을 공격했다.

"백정 노무 자슥이 사람 말을 뭘로 알고!"

그들은 주먹질과 발길질을 사정없이 퍼부었다.

"어뜨노? 인자 개 잡을 거재?"

백정은 피투성이가 된 얼굴을 좌우로 흔들었다. 흥분한 젊은이들은 사정없이 몽둥이질을 했고, 백정은 끝내 목숨을 잃고 만다.

피가 거꾸로 솟은 백정의 이웃들은 일본 경찰에게 달려가 범인을 잡아 처벌해 달라고 호소했다. 그러나 일본 경찰은 백정에게 호의적이지 않았다. '부락민'이라고 해서 오늘날까지도 차별의 대상이 되고 있는 천민 집단을 보유한 일본의 경찰은 백정들의 울부짖음을 외면한다.

"백정은 호적이 없으니 백정을 죽여도 살인죄가 성립하지 않는다. 살인이라면 죽은 사람의 존재가 입증돼야 하는데 호적이 없으니 누가 죽었는지도 알 수 없지 않은가."

백정들은 피눈물을 삼키며 물러갔고, 결국 백정을 죽인 '사람 백정'은 아무런 처벌을 받지 않는다.

그런데 이 이상한 사건을 혀를 차며 지켜본 사람이 있었다. 바로 강상호다. 그는 진주에서 독립만세운동을 주도하다가 투옥되었던 30대 초반의 청년이었다.

"세상에 어떻게 이런 일이 있을 수 있단 말인가."

강상호를 한탄하게 한 사건은 이뿐만이 아니었다. 당시 백정은 경제적으로 성공해 유복하게 살아간다 해도 아이를 학교에 보내지 못했다. 백정의 자식과 함께 공부하는 걸 알면 학부모들이 난리를 쳤고, 학교에 직접 찾아와 애들 손목을 붙들고 귀가해 버렸다. 지방에서 서울로 유학을 보내도 번번이 학교에서 쫓겨났다.

심지어 이런 일도 있었다. 새 학교를 세우는 데 봉사를 해 달라는 부탁을 받은 어느 백정이 아이를 입학시킬 수 있을 줄 알고 등골 빠지게 일했는데, 막상 학교가 완성되자 백정의 아이는 입학할 수 없다고 해서 모욕을 당한 일이었다. 이러한 사건들을 겪으면서 백정들은 죽을 때까지 매를 맞으면서도 끝까지 개 잡기를 거부했던 그 백정처럼 서서히 의식이 깨어나기 시작한다.

형평사의 탄생

백정의 자녀들이 입학을 거부당한 사건을 계기로 뜻있는 이들이 손을 잡고 일어선다. 백정 출신의 장지필, 이학찬 등과 더불어 양반 출신의 강상호가 백정해방운동을 부르짖고 나선 것이다.

1923년 4월 24일, 진주 하늘에 '형평사(衡平社)'의 깃발이 처음으로 휘날린다. 이들은 "계급을 타파하고, 모욕적 칭호를 폐지하며, 교육을 장려하고, 참다운 인간이 되는" 세상을 만드는 형평운동을 시작한다. 강상호는 백정 출신이 아님에도 누구보다 열정적으로 형평운동에 참여하여 초대 사장을 맡는다. 강상호에게 백정 차별은 실로 부당하고 불의한 일이자 개인의 악덕이며 조선 전체의 해악이었다.

"백정들의 생활을 개선시키지 않고 한 인간으로 사는 것은 위선이며, 식민지 상황에서 조선인들끼리 차별하고 탄압하는 것은 결국 일본의 식민 통치를 돕는 어리석은 일입니다."

강상호는 본디 정의감이 넘쳤다. 1907~1908년 국채보상운동이 전국을 달굴 때 진주 읍내에서 "담배를 끊고 나라 빚을 갚읍시다."라고 호소하며 사람들의 주머니를 비우던 사람이고, 독립만세운동에 앞장선 죄로 옥살이도 했다. 하지만 출신으로만 따졌을 때 강상호는 백정해방운동에 뛰어들 이유가 전혀 없었다. 그의 아버지 강재순은 정3품 통정대부를 지낸 사람으로 천석꾼 부자였고, 강상호는 그 집안의 장남이었다. 양반 가문에 으리으리한 부자, 한평생 유유자적하며 여유롭게 쓰고도 넉넉하게 남을 재산을 가진 사람이었다. 하지만 강상호는 스스로 유복한 삶을 버렸다. 거의 10년 동안 고향 마을 사람들의 세금을 대신 내주기도 했던 그는 양반 신분을 버리고 부잣집 도련님으로서의 삶도 거부한 채 백정의 동지를 자처하는 힘겨운 삶을 선택한다.

백정들의 가장 큰 한은 자식 교육 문제였다. 백정의 자식이 학교에 갔다 하면 휴교를 했기에 백정의 자녀가 입학한다는 건 있을 수 없는 일이었다. 그런데 강상호는 이 문제를 매우 창조적으로 돌파한다.

어느 날 강상호는 두 아이의 손을 잡고 학교에 나타난다. 그가 데리고 온 아이들은 다름 아닌 백정의 자식이었다. 두 아이의 얼굴을 알아본 학생들이 "백정 놈의 자식이 왔다."며 수군거리는 가운데 난처한 얼굴을 한 교사들과 강상호가 마주 앉는다.

"이 아이들을 입학시켜 주시오."

"허허, 이거 잘 아시면서… 이 아이들은 백정의 아이들 아닙니까. 저희가 받을 수가….'

강상호는 품 안에서 호적 서류를 꺼내 교사들의 코앞에 들이민다. 백정의 아이 둘은 놀랍게도 강상호의 호적에 올라 있었다.

"이 아이들은 내 양자들이오. 내가 백정이 아니라는 건 아실 테고, 뭐 달리 안 되는 이유가 있으시오?"

교사들은 그만 입을 딱 벌리고 만다.

오래된 편견과 차별 의식을 버리지 못하는 사람들 사이에서 정의의 각을 세우는 사람은 주위를 불편하게 하기 마련이다. 그리고 대개 그 불편함은 분노로 변한다. 번듯한 양반 출신이면서 대놓고 백정 편이 된 강상호는 백정이 인간임을 인정하지 않는 사람들에게 눈엣가시가 되고, 표적이 된다.

인간은 평등하다

"백정 놈의 자식들이 어딜 감히!"

백정들의 형평운동은 전국에서 심한 탄압을 받았다. 일제 관헌보다는 평범한 조선 농민들이 더 이를 갈았다. 사람은 때로 기묘하다. 차별받는 이들이 더 차별하며, 공격당해 본 사람들이 더 지독하게 공격한다.

형평사가 설립된 지 한 달 정도 지난 1923년 5월 25일, 백정들의 움직임에 진주 사람들이 불편한 낯빛을 감추지 못하던 즈음 또 하나의 사건이 일어난다. 탁윤환이라는 이가 형평사 근처 술집에서 술을 마시다가 술이 다 떨어지자 백정을 들먹이며 난동을 부린 것이다.

"백정 놈들에겐 밥을 팔더니 나한테는 술이 우째 없다 하노!"

이 소리에 근처에 있던 형평사 사람들의 눈이 뒤집히고 만다. 그들은 일제히 탁윤환에게 달려간다.

"니는 뭐하던 놈이고. 일본 놈 종노릇 하던 놈 아이가. 내 니 같은 더러븐 놈 때려죽이고 나도 죽을란다."

이런 말을 들은 것으로 보아 탁윤환이란 이는 일본인을 도와 조선인에게 위세를 부리던 사람이었을 것이다. 그는 형평사 사람들에게 실컷 두들겨 맞은 뒤 돌아갔고, 복수를 위해 패거리를 몰고 형평사로 몰려왔다. 그때 강상호는 또 한 번 곤욕을 치른다.

"형평사에 찾아와 그 사장 되는 강상호 씨를 불러내어 두 뺨을 무수히 난타하였으며 의복을 찢는 등 봉욕을 주어 이 급보를 들은 진주경찰서에서 10여 명의 경관이 달려가 겨우 진압하였다."(〈동아일보〉 1923년 5월 30일자)

이런 사건이 자주 일어나자 백정에 대한 불만은 더 커졌다. 백정을 차별하는 이들은 형평사 소속 백정에게는 고기를 사지 않기로 맹세하고, 형평사에 동조하는 사람도 백정으로 취급하겠다고 선언한다. 그들은 강상호, 신현수, 천석구 등 백정에 동조한 이들을 '신백정(新白丁)', 즉 원래 백정이 아니었으나 백정이 된 자로 낙인찍고, 그들의 이름이 적힌 깃발을 휘두르며 시위를 벌인다.

또 사람들은 강상호를 비롯한 형평사 인사들의 집이나 가게에 찾아가 행패 부리기를 일삼았다. 강상호의 부인이 나타나면 "신백정 여편네!"라고 악을 썼고, 강상호에게는 "신백정 노무 자슥!"이라며 욕설을 퍼부었다. 일본 경찰 또한 형평사의 적이었다. 진주경찰서장은 "일본에도 이런 천민 집단이 존재하며 평민 대접도 하지 않을 뿐 아니라 그들 중에 성공한 자도 없다. 그러니 농청(형평사에 반대하는 농민 조직)이 간섭하지 않고 형평사가 잘못을 저지른다면 내가 형평사를 해산하겠다."고 큰소리를 쳤다. 이처럼 사람들의 비난과 반발, 양반들의 외면과 따돌림, 일제 관헌의 방관과 경멸이 계속되었지만 강상호는 뜻을 굽히지 않았다.

"사람은 모두 똑같은 사람이다. 백정도 사람이고 양반도 사람이다. 인간은 저울처럼 평등하다."

세상을 움직이다

안타깝게도 형평사는 시간이 지나면서 분열과 화해를 거듭하다 수그러든다. 그러나 백정들이 사는 세상은 그 이전과 달랐고, 달라지고 있었고, 달라질 수밖에 없었다. 1930년대 초반 조선 총독부는 백정의 호적에 기입하던 '도한' 글자를 빼기로 결정했고, 붉은 점을 찍어 백정이라는 표식을 남기는 제도도 없앴다. 이를 통해 최소한 법적으로, 행정적으로 백정을 차별하는 일은 사라져 갔다. 광복 이후까지도 그 잔재는 남아 있었다고 전해지지만 한반도 전체를 뒤죽박죽으로 만든 6.25 전쟁의 폭풍 속에서 백정 차별의 모질고도 고된 역사는 마침표를 찍는다.

형평운동은 우리나라 현대사 최초의 인권운동으로 평가된다. 형평운동에 나선 이들은 인간은 누구나 어떠한 이유로든 차별받지 않을 권리가 있으며, 차별 자체가 인간성에 반하는 그릇된 행동임을 선언했다. 그리고 강상호는 그 모든 것의 물꼬를 튼 사람들 가운데 한 명이었다. '형평(衡平)'이라는 이름은 강상호가 "인간은 저울처럼 평등하다."고 한 말에서 따왔다.

차별받는 사람들이 들고일어나서 싸우는 것도 정의를 지키는 훌륭한 일이다. 그런데 차별이나 탄압과는 거리가 먼 처지임에도 설움 받는 이들의 손을 잡고, 그들과 어깨를 걸고, 앞장서고, 그로 인한 불명예와 불이익을 기꺼이 감당하는 것은 진정 인간의 위대함을 드러내는 일일 것이다. 강상호는 그런 사람이었다.

하지만 강상호 개인의 삶은 불행의 연속이었다. 백정해방운동을 통치에 방해되는 불온한 사회운동으로 바라본 일제는 강상호를 비롯한 형평사 주요 인사들을 집요하게 따라붙었다. 강상호 아들의 증언에 따르면 일제 강점기 내내 강상호는 편하게 앉아서 밥 한 번 먹기가 어려웠다고 한다. 또 형평운동을 사회주의와 같은 정치적 운동으로 성장시키려고 한 장지필 등 왕년의 동지들과 대립하여 결국 자신이 몸 바쳐 세운 형평사가 힘을 잃고 스러지는 모습을 지켜봐야 했다. 한때 한 마을의 세금을 대신 내 줄 정도로 많았던 강상호의 재산은 그동안에 밑 빠진

독으로 고스란히 빠져나갔고, 광복 이후에는 자식들 교육도 못 시킬 정
도로 빈곤에 허덕였다. 그리고 인민위원장(다른 직책이라는 주장도 있다)이라
는 좌익 감투를 썼다는 사실 때문에 남아 있던 재산마저 반공 세력에게
몽땅 뜯겼다.

그러나 강상호의 삶의 가치는 1957년 그가 고통 속에서 쓸쓸히 세
상을 떠났을 때 다시금 빛난다. 그의 장례는 전국에서 모여든 백정 출신
들이 9일장으로 치렀다. 형평장(전국축산기업조합장)으로 치러진 장례에는
끝없는 만장 행렬이 이어졌고, 진주 시내에서 장지까지 사람들로 넘쳐
났다. 그때 옛 형평사 회원이 읽은 조사를 인용해 본다. 강상호가 어떤
사람이었는지 잘 알 수 있다.

"오직 선생님만은 그 시대의 속칭 양반 계급임에도 불구하고 신분의
명예를 포기하고 전 재산을 내놓으면서 우리의 고독한 사회적 지위의
인권 해방, 계급 타파를 위하여 선봉에 나서서 오직 자유, 인권, 평등을
부르짖으시며, 우리의 치학의 개방을 부르짖으시며 우리만이 당해 오
던 50만 동포를 위해 주야고심 투쟁하지 않으셨습니까. 위대하십니다!
장하십니다."

그 장대한 장례 행렬을 굽어보며 강상호는 편히 눈을 감았을 것이
다. 저 많은 사람이 이제는 어엿한 한 나라의 국민으로 살아간다는 사실
에 기뻐했을 것이다. 양반 계급의 특권을 스스로 내려놓고 모든 인간이
평등하게 살아가는 세상을 꿈꾸며 인권운동에 몸바친 강상호는, 처음
으로 깃발을 올리던 형평사를 생각하며 웃었을 것이다.

07

만주를 누빈 조선의 여전사, 남자현

남자현南慈賢, 1872~1933년　남만주를 무대로 활동한 독립운동가. 여러 갈래로 분열되어 다투던 독립운동가들의 단합을 위해 애쓰면서 만주 일대 독립운동가의 정신적 지주 역할을 했다.

"남편과 나라가 죽었을 때 나는 이미 죽었다."

1933년 2월 27일 오후 정양가. 만주국 최대 도시 가운데 하나인 하얼빈 교외의 이 거리에는 두툼한 겨울옷을 입은 사람들이 손을 비비며 종종걸음으로 지나다녔다. 얼어붙을 듯한 추위는 수그러들었으나 대륙의 겨울은 꼬리가 길었다.

정양가에는 긴장감이 서려 있었다. 거리 모퉁이와 가게 처마 아래, 그리고 골목 곳곳에 날카로운 눈빛으로 주위를 살피는 사람들이 은밀히 도사리고 있었다. 포목상 처마 아래서 신문을 들고 서 있던 중년 신사가 일본어로 중얼거렸다.

"예감이 좋지 않아."

실망한 눈초리로 거리를 훑어보던 중년 신사의 눈이 갑자기 커졌다. 그는 신문을 접어 무릎을 탁탁 치고는 누군가를 가리켰다. 그 순간 날카로운 호루라기 소리가 주위의 모든 소음을 제압하며 울려 퍼졌다.

양심을 지킨 사람들

"삐이이이이익!"

동시에 예닐곱 명의 남자들이 거리로 뛰쳐나왔다. 일본 형사들이었다. 그들은 소스라치게 놀라는 행인들의 물결을 뚫고 표적을 향해 달려들었다.

표적은 매우 뜻밖의 인물이었다. 형사들을 피해 필사적으로 도망친 사람은 중국인 거지였다. 그것도 남자가 아닌 여자, 백발이 성성한 노인이었다. 표적은 노인치고는 민첩했으나 형사들의 적수가 되지는 못했고, 곧 따라잡혔다. 길바닥에 쓰러진 노인은 기를 쓰고 저항했으나 빠져나갈 길은 없었다. 형사들은 몸부림치는 노인을 제압한 뒤 깊이 눌러쓴 모자를 벗겼다. 총기 넘치는 눈에 다부진 턱선을 가진 얼굴이 드러났다. 경찰대 지휘관의 얼굴에 화색이 돌았다.

"잡았다! 드디어 남자현을 잡았다!"

잡힌 노인은 중국인이 아니었다. 남자현이라는 조선인이었다. 몸싸움 와중에 헤집어진 옷 사이로 조선 옷이 드러났다. 추워서 껴입은 옷이 아니었다. 남자의 옷이고, 오래된 핏자국까지 묻어 있었다. 중국 옷 속에 받쳐 입은 그 옷은 40년 전 의병에 가담하여 일본군과 싸우다가 죽은 남자현 남편의 유품이었다.

당시 남자현은 예순둘, 환갑을 넘긴 나이였다. 요즘에야 환갑잔치를 하면 이상한 눈길로 보지만 그때만 해도 환갑이면 완연한 노인이었다. 자식을 일찍 결혼시켰다면 증손자도 볼 수 있었을 나이에 그녀는 죽은 남편의 옷을 입고 낯선 땅 만주에 있었다.

조선에서 만주로

남자현의 시댁은 경상북도 영양군 석보면 지경동, 남편은 김영주라는 사람이다. 남자현의 남편이 뜻밖에 세상을 떠난 건 1896년이다. 바로 전해에 일어난 을미사변은 경상도 두메산골에서 근근이 살아가던 가난한 선비들에게도 큰 충격을 안겼고, 김영주를 비롯한 유학자들이 화승총과 녹슨 칼을 집어 들고 의병을 일으키게 했다. 김영주는 무던한 남편이었지만 한번 고집을 부리면 누구도 꺾을 수 없었다. 김영주는 아내에게 이렇게 자신의 뜻을 전한다.

"나라가 망했는데 가정만 온전할 수는 없습니다."◆

남자현은 남편의 말을 묵묵히 듣는다. 그러다 다음 말에서 그만 새파랗게 질리고 만다.

"죽어 지하에서 서로 보도록 합시다."◆

남자현은 저도 모르게 자신의 배에 손을 갖다 댔다. 그녀는 임신 중이었다. 뱃속의 아이는 아버지를 보지 못할 운명이었다. 망한 나라의 아둔한 선비이기를 거부한 남편은 의병으로 나섰고, 전쟁터에서 목숨을 잃었다. 당시 남자현의 나이 스물넷이었다.

청상과부가 된 남자현은 홀로 아이를 낳아 기르면서 시어머니를 모신다. 정3품을 지낸 양반의 딸이자 영양 일대에서 이름 높은 유학자 집안의 며느리인 그녀는 양잠(누에 고치를 생산하는 일)도 하고 길쌈(직물을 짜는 일)도 하며 집안을 이끌었고, 마을에서 주는 효부상을 받을 정도로 시어머니를 극진히 모셨다.

을미사변과 을미의병

1895년 청일전쟁이 끝난다. 조선의 종주국 행세를 하던 청나라 군대가 일본 군에 의해 육상과 해상에서 완파된 것이다. 이제 청나라는 조선에서 손을 떼는 것은 물론 전쟁 배상금과 영토 일부까지도 일본에 넘겨줘야 했다. 청나라와 일본이 전후에 맺은 시모노세키 조약에 따르면 청나라는 일본에 타이완과 펑후 제도, 요동반도까지 내주어야 했다. 그런데 동북아시아의 세력 균형이 깨질 것을 우려한 열강 3국, 즉 독일과 프랑스와 러시아가 일본을 압박하여 요동반도 점령을 포기하도록 강요한다. 이를 '삼국 간섭'이라 한다.

삼국 간섭을 통해 일본의 조선 침략 계획을 좌절시킨 러시아는 청나라를 대신할 외세를 찾던 고종과 왕비에게 딱 맞는 대상이었고, 러시아 역시 조선의 접근에 적극적으로 호응한다. 마침내 친러 내각이 들어서고, 친일파 대신들은 힘을 잃는다. 전쟁까지 치르며 조선에서의 우월적 지위를 확보하기 위해 애쓴 일본으로서는 땅을 칠 일이었다. 결국 일본은 친러 정책의 핵심에 있던 조선의 왕비를 살해하기로 한다.

육군 중장 출신의 미우라 고로가 조선 주재 일본 공사로 임명된다. 그는 공관에서 염불을 외우며 연막을 치는 한편 조선에 와 있던 일본의 낭인들과 조선의 대원군까지 동원하여 왕비 제거 작전을 단행한다. 1895년 10월 8일, 일본인들과 그에 합세한 조선 훈련대는 경복궁을 쳐들어가고, 훗날 명성황후의 존호를 받게 되는 조선 왕비를 살해한다. 이것이 을미사변이다. 조선 왕비는 당시 백성들 사이에서 평판이 좋지 않았지만 그래도 국모(國母)였기에 이 사건은 유학자들의 분노를 불러일으켰고, 일본에 대한 백성들의 감정도 크게 악화시켰다. 또 왕비가 죽은 이후에 들어선 친일 내각이 단발령을 비롯해 파격적인 개혁을 추진하면서 반발이 거세져 전국적으로 의병이 일어난다. 이것이 을미의병이다. 구한말 최초의 대규모 의병 항쟁이었다.

남자현은 그렇게 스무 해를 넘겨 양가 부모상 다 치르고 나이 마흔 일곱에 이른다. 그런데 보통 사람이라면 자식 결혼시키고 손주 재롱 볼 나이에 남자현은 자신의 인생을 송두리째 뒤흔드는 선택을 한다. 평균 수명이 여든을 헤아리는 요즘에도 "새로운 길을 가겠다."고 하면 주위 에서 뜯어말릴 그 나이에 말이다. 그 계기는 바로 1919년 조선 천지를 뒤흔든 3.1 운동이었다. 각지에서 터져 나오는 만세 소리를 들으면서 그 녀는 선언한다.

"남편과 나라가 죽었을 때 나는 이미 죽었다."

그리고 독립운동을 하기 위해 만주로 넘어가기 직전 서울에 머물렀 을 때 독립운동가 손정도 목사에게 이렇게 토로한다.

"나는 많이 살았으니 당장 죽어도 여한이 있을 리 없지만, 유곡(幽谷, 산골짜기)에 들어앉아 흐지부지 살기에는 왜(倭)에 대한 한(恨)이 너무 크고 뚜렷하여 그것을 풀고 가는 것이 그간 은혜 지은 인연들에 대한 보답이 라 생각하고 있습니다."◆

글 읽은 선비로서 망해 가는 나라를 가만히 볼 수 없다 하여 의병으 로 나섰다가 전사한 남편, 의병 어머니라 하여 온갖 수모를 겪고 그 후 유증으로 목숨을 잃은 시어머니, 나라와 딸의 불행을 한탄하며 숨을 거 둔 아버지…, 그들의 마지막 모습이 새록새록 그녀의 눈동자에 담겼을 것이다.

'이제 나는 당신들을 대신하여 살리라.'

결국 그녀는 만주로 넘어가 독립군 단체 가운데 하나인 서로군정서 에서 독립군을 돕는다. 부상당한 독립군을 간호하며 독립군의 어머니

노릇을 하고, 교회와 학교를 세우는 데 힘을 보태며 동분서주한다. 하지만 남자현은 독립군의 '어머니'에 그치는 사람이 아니었다. 도대체 저런 사람이 어떻게 20년이 넘도록 시어머니를 모시며 시골에서 얌전히 살았는지 알 수 없을 정도로 용감하고 호방한 '여장부'로서의 본색을 드러낸 것이다.

만주를 누빈 여전사

한번은 독립군에 가담한 한 청년이 조직을 떠나 만주 마적단으로 가 버린 일이 있었다. 독립군에게는 살덩이처럼 소중한 말까지 끌고 가 여간 낭패가 아니었다. 남자현은 마적단 두목에게 편지를 쓴다.

"나라 잃은 사람으로 의리마저 잃으면 되겠습니까? (중략) 일제와 싸워야 할 우리들이, 서로를 상처 내는 것은 어리석은 일이라고 생각합니다."◆

마적 두목은 아마 여기까지는 무심하게 읽었으리라. 하지만 그다음 구절에서 눈을 크게 뜨고 만다.

"조선의 여전사로 명예를 걸고 그곳 지도자에게 글을 써서 보내니 뜻을 따라 주기 바랍니다."◆

천하에 무서울 것 없는 마적 두목이었지만 이 당당하고도 기품 있는 조선의 여전사에 감동하고 만다.

"싸움이 급하여 그냥 나갑니다. 돌아오는 길에 다시 상의를 하는 것이 어떨지요?"◆

결국 마적들은 일본 경찰서를 습격하고 돌아오는 길에 말과 병사를 돌려준다.

이처럼 남자현은 조선의 여전사임을 자처하며 누구보다도 맹렬한 독립군으로 살았다. 그 앞에서는 어떤 독립투사도 감히 눈을 치뜨지 못했고, 내가 옳으니 네가 틀렸니 말하기 좋아하는 사람들도 입을 다물었다.

우리 독립운동사는 자랑스러운 투쟁의 역사와 함께 남부끄러운 분열의 역사 또한 지니는데, 1922년 남만주 환인 지방에서는 분열이 치열하다 못해 서로 총을 들고 싸우고 죽이는 어처구니없는 사태까지 벌어진다. 독립운동가들의 분열과 갈등에 질색을 하던 사람 가운데 한 명인 남자현은 이 참상에 가슴을 치며 괴로워했고, 마침내 중대한 결단을 내린다.

"남자현 선생 편지입니다."

여러 갈래로 나뉘어 다투던 독립운동가들에게 남자현의 편지가 전해졌다. 그런데 편지의 모습이 좀 이상했다. 글씨는 검붉었고, 비릿한 냄새를 풍겼다. 편지를 받은 이들은 깜짝 놀랐다.

"이건 남 선생 혈서가 아니야?"

"맙소사! 금식 기도 가셨다더니, 지금 어디 계신 거야?"

"이분한테 무슨 일이 생기면 우리가 무슨 낯으로 살아!"

남자현은 이미 1920년 경술국치 10주년 기념식 때 그 자리에서 손가락을 칼로 베어 혈서를 쓰고 연설한 적이 있었다. 그때 피 뚝뚝 떨어지는 손가락으로 글을 써 내려가던 모습을 보고 수많은 사람이 가슴을 쓸어내렸는데, 이번엔 아예 손가락을 잘랐다고 했다.

"단결하라. 우리는 강토를 빼앗은 일본과 싸우러 왔지 동족과 싸우러 온 것이 아니다. 피 한 방울이라도 적을 위해 써야 하거늘, 같은 조선인을 해치는 데 쓴다는 것은 너무도 아까운 일이 아니겠는가?"◆

이 여전사의 울부짖음에 기가 질린 남정네들은 일시적으로나마 분열을 멈추고 한 깃발 아래 모이는 시늉이라도 해야 했다. 1948년 《부흥》 12월호에 이에 대한 기록이 남아 있다.

"이로 말미암아 환인, 관전 등지의 주민들은 그 은공을 감사하여 곳곳마다 나무로 비를 세워 그 공덕을 표창하고 만주 각층 사회에서는 누구나 선생을 존경하게 되었다."◆

남자현은 길림 대검거 사건 때도 눈부신 활약을 한다. 1926년 도산 안창호가 길림 지역 조선인을 대상으로 강연을 하기 위해 길림을 방문하는데, 강연장에 500여 명의 동포가 몰려들어 대성황을 이룬다. 그런데 이 사실을 안 군벌 장쭤린이 공장을 포위하고 참가자 대부분을 체포해 버린다. 이로 인해 안창호, 오동진, 김동삼 등 독립운동의 핵심 인물들이 무더기로 체포된다. 장쭤린이 이들을 일본에 넘겨 버리면 독립운동의 기둥뿌리가 흔들릴 판이었다. 이때 남자현은 대책위원회를 꾸려 동분서주하며 안창호 등이 풀려나는 데 공을 세운다.

이처럼 '독립운동의 어머니'이자 '조선의 여전사'로 만주 벌판 곳곳을 누빈 남자현이지만 그녀에게는 채워지지 않는 목마름이 있었다. 그리고 이 갈증을 풀기 위해 또 한 번 변신을 감행한다.

1926년 4월, 길림성의 어느 마을에서 남자현 앞에 둘러앉은 청년들은 남자현이 꺼내는 말에 입을 딱 벌리고 만다.

"조선으로 들어가겠다. 조선 총독 사이토 마코토를 내 손으로 죽일 거야."

청년들은 말을 더듬을 정도로 놀랐다. 남자현이 농담을 하고 있다고는 아무도 생각하지 않았다. 남자현은 그런 말을 하고도 남을 사람이었다.

"젊은이도 힘에 부치는 일입니다. 어머니께서 그러시는 건…."

"왜놈 경찰이 머리 희끗한 여자를 의심이나 하겠나? 오히려 내가 잠입하기 더 쉬울 거야."

남자현은 완강했다. 이미 만주 일대에 여전사로서 명망이 높았지만 이번에는 직접 몸을 던져 적을 부수고자 했다. 결국 그녀는 권총 하나와 실탄 여덟 발을 들고 압록강을 건넌다.

그러나 남자현은 뜻을 이루지 못한다. 그녀보다 먼저 사이토를 죽이려 한 사람이 있었기 때문이다. 그는 송학선이라는 젊은이였다. 동네 뒷산에서 소나무를 상대로 칼 찌르기 훈련을 거듭한 그는 순종의 장례식 때 조문 온 사이토를 노려 차에 뛰어든다. 두꺼운 소나무 줄기에도 거침없이 박히던 그의 칼은 여지없이 일본인에게 박혀 피를 쏟게 한다. 그러나 애석하게도 그 사람은 사이토가 아니었다. 이 사건을 계기로 일본 경찰의 경비가 부쩍 강화되었고, 남자현은 사이토 근처에도 가 보지 못하고 만주로 돌아가야 했다.

또 손가락을 자르다

1931년 일제는 만주 사변을 일으키면서 대륙 침략 계획을 현실로 옮긴다. 그로 인해 독립군의 근거지이자 수많은 한인의 터전이던 만주 전역이 일제의 지배를 받게 된다. 중국 정부는 일제의 침략 행위를 규탄하며 국제 연맹에 그 부당함을 호소했고, 국제 연맹은 영국인 리턴을 단상으로 하는 리턴 조사단을 파견한다. 그런데 조사단이 도착하기도 전에 일제는 1932년 3월 1일, 청나라의 마지막 황제 푸이를 데려다가 만주국 수립을 선언해 버린다.

뒤늦게 도착한 리턴 조사단은 만주 지역을 돌아다니며 만주국의 실체를 조사한다. 그리고 남자현이 머물던 하얼빈도 방문한다. 남자현은 이를 국제 사회에 만주 지역 한국인의 독립 의지를 전달할 기회로 보고 또 한 번 손가락을 잘라 혈서를 쓴다. 이번에는 혈서와 함께 잘라 낸 손가락까지 전달하여 독립의 열망을 전하려 한다. 그러나 혈서와 손가락은 리턴 조사단에 전달되지 못한다. 전달책인 중국인이 일본 경찰의 검문에 걸려 남자현의 계획이 들통난 것이다. 남자현의 손가락은 하얼빈 거리 어딘가에 버려져 덧없이 썩고 만다.

남자현의 이 행동은 죽음을 각오한 것이었다. 당시 리턴 조사단은 일본 정부의 엄중한 감시 아래 있었고, 그들에게 반일(反日) 메시지를 전달하려다가 목숨을 잃은 한국인과 중국인이 이미 여럿 있었다. 남자현이 아들에게 보낸 편지는 비장함과 다급함, 절망감과 결연함으로 범벅이 되어 있다.

"이름이 무명지(無名指, 약지)라 한들 어찌 쓸모없는 손가락이겠느냐. 제 나라를 잃고 무명민(無名民)이 되어 떠도는 내 넋보다는 실한 것이었으니, 어쩌면 평생을 가만히 붙어 내 손을 채웠던 이 작은 것이 나라를 위해 큰일을 할 수도 있겠다 싶구나. 중지와 약지 사이에 어중간하게 여기도 붙었다 저기도 붙었다 하며 살아온 줏대 없음을 논죄하는 준엄한 심판이 아니겠느냐."◆

이듬해인 1933년 남자현은 또 한 번 거사를 준비한다. 일본의 만주국 대사 무토 노부요시를 암살하는 것이었다. 손가락도 몇 개 없는 예순 할머니가 폭탄을 던질 힘이나 있었을까 싶지만(그래서 무토와 함께 자폭하려 했다는 말도 있다), 남자현은 기꺼이 그 일을 맡는다. 그러나 이번에도 암살 계획은 물거품으로 돌아간다. 암살을 논의하던 이들 가운데 밀정이 있었던 것이다. 결국 남자현은 40년 전 남편이 죽을 때 입고 있던 옷을 중국 거지 옷 안에 넣어 입고서 폭탄을 받으러 가다가 일본 경찰에게 체포되고 만다.

체포 후 남자현은 일본 경찰의 모진 심문을 받는다. 그리고 적이 주는 것은 목구멍으로 넘기지 않겠다는 각오로 단식을 시작한다. 단식이 열흘을 넘어서고 사경을 헤매는 지경에 이르자 일본 경찰은 병보석으로 남자현을 풀어 준다. 이미 삶과 죽음의 경계선을 넘어서고 있을 때였다. 남자현은 자신이 가진 돈 249원 80전을 내놓으면서 유언을 남긴다.

"이 돈 중에서 200원은 조선이 독립되는 날 정부에 독립 축하금으로 바치라. 그리고 손자 시련을 대학까지 공부시켜서 내 뜻을 알게 하여라. 남은 돈 49원 80전의 절반은 손자 공부시키는 데 쓰고 나머지는 친정에

있는 손자를 찾아 공부시켜라."◆

마흔일곱 이후 강인한 여전사로 살아온 남자현은 유언을 남기는 순간에 이르러서야 아픈 속내를 드러낸다. 손자를 제대로 가르치지도, 뭐 하나 챙겨 주지도 못한 것에 대한 안타까움, 자신 때문에 피해를 본 친정에 대한 미안함이 그것이다. 평생 억눌러 온 말들을, 남자현은 죽음 앞에서야 토로한다.

"이미 죽기를 각오한 바이니까…."◆

가쁜 숨을 몰아쉬면서 남자현은 손가락 두 개가 잘려 나간 손을 내민다. 그러고는 생의 마지막 말을 남긴다.

"이것이나 찾아야지."◆

하얼빈 거리에 아무렇게나 던져졌을 손가락을 어찌 찾겠는가. 하지만 남자현은 죽기 직전 그것을 찾고 싶다고 말한다. 저승에서 남편을 다시 만났을 때 비록 곱지는 않더라도 온전한 손을 내밀고 싶었기 때문은 아니었을까.

관성의 법칙이란 사물에만 적용되는 것이 아니다. 사람 역시 마찬가지다. 살아온 방식은 곧 살아갈 모습이 된다. 어린아이는 하루에도 열두 번씩 변한다지만 머리 굵은 성인이 '변신'을 한다는 것은 정말 어려운 일이다. 하물며 10대도, 20대도 아닌 나이 마흔일곱의 중년 여성이, 양반집 딸로 태어나 선비 가문에 시집가서 삯바느질로 집안을 이끌던 조선의 여인이 민족 해방 전선의 여전사로 탈바꿈한 예는 기적에 가까울 정도로 드물 것이다.

남자현이 관성을 깨고 세상과 세월을 거스를 수 있게 한 힘은 무엇일까. 그것은 의로운 분노였을 것이다. 남편을 빼앗기고, 남편이 지키려던 나라를 빼앗기고, 내질러 마땅한 울분마저 총칼에 짓밟히면서 그녀의 가슴속에는 분노가 계단처럼 쌓였을 것이다. 남자현은 그 층계들을 하나하나 밟아 오르면서 평범한 여자로서의 삶을 거스른 것이 아닐까.

아들 김성삼은 어머니 남자현의 유언을 충실히 따른다. 어머니가 전해 준 독립 축하금 200원을 광복 1주년 기념식장에서 백범 김구에게 전달했다. 그 순간 남자현은 활짝 웃었을 것이다.

이 글은 이상국의 《나는 조선의 총구다》(세창미디어, 2012)를 주로 참고했습니다. 인용한 문장은 ◆표시를 했으며 65쪽, 94쪽, 113~114쪽, 117쪽, 119쪽, 146쪽, 164~165쪽에서 가져왔습니다.

양심을 지킨 사람들

08

민주화운동에 앞장선 언론인,

장준하

장준하張俊河, 1918~1975년　독립운동가, 정치인, 민주화운동가. 인문 교양지《사상계》를 발행해 당대 지식인 사회를 이끌었다. 유신 체제 반대 운동을 주도하던 중 의문의 사고로 사망했다.

"불의한 정권을
쳐부수기 위해
게릴라전까지
불사하겠다."

'좌파'와 '우파', '좌익'과 '우익'이라는 개념은 1789년 프랑스 혁명 이후에 등장했다. 프랑스 국왕 루이 16세가 단두대에서 처형되기 전까지는 왕당파와 공화파가 대립했다. 왕이 사라진 이후에는 보수적인 정책을 주장하는 지롱드당과 급진 개혁을 선호하는 자코뱅당이 맞서게 되는데, 대체로 전자가 오른쪽, 후자가 왼쪽 의석에 앉았다 하여 '우파'와 '좌파'라는 개념이 형성됐다.

그러나 이 개념은 시대와 상황에 따라 다르게 적용된다. 우리나라에서는 1945년 광복 이후 1950년 6.25 전쟁 이전까지 좌우익의 개념이 공산주의에 대한 찬반 입장을 가리키는 뜻으로 사용됐다. 공산주의에 찬성하면 좌익, 반대하면 우익인 셈이다.

우익의 거두라 할 백범 김구를 따랐고, "공산주의자들은 어떠한 협약이든 한 장의 휴지로밖에 보지 않는다."며 공산주의에 대한 강력한 혐오를 거리낌 없이 드러낸 사람이 있다. 그는 앞에서 말한 기준대로라면 마땅히 우익일 것이다. 그러나 그는 한평생 우익이 장악한 독재 정권에 격렬하게 맞섰고, 부당한 권력에 맞서 투쟁을 벌여 좌익으로 곧잘 낙인찍히던 이들에게 열렬한 지지를 받았고, 지금도 우익보다는 좌익이라 불리는 사람들에게 더 추앙을 받는 특이한 우익이다. 이 기이한 인물은 바로 장준하다.

독립 투쟁에 나서다

장준하는 평안북도 의주에서 태어났지만 삭주에서 자랐다. 장준하의 할아버지는 한의사로서 한학(漢學)에 밝았으나 일찌감치 개화에 눈을 뜬 사람이었고, 기독교 신앙을 받아들인 뒤 장로가 돼 아들을 목사로 길러냈다.

평안도는 조선 왕조 500년 내내 중앙 정부로부터 극심한 차별과 냉대를 받은 지역인 만큼 다른 곳들보다 변화를 빨리 받아들였고, 현대사를 주도하는 인물을 수없이 배출했다. 독립운동가 안창호, 이승훈, 조만식, 소설가 이광수, 민중운동가 함석헌 등 한국 현대사를 수놓은 굵직한 인물들 가운데 상당수가 평안도 출신이며, 대한민국 초대 학술원 회원 15명 중 13명이 평안도 사람이다. 6.25 전쟁 이후 한국 기독교의 주류도 '서북(황해도, 평안도, 함경도 지방을 한꺼번에 이르는 말)' 출신들이 이끌었다고 볼 수 있다.

평안도에서는 꽤 큰 도시라 할 의주에서 태어난 장준하가 산골인 삭주에서 자라게 된 것은, 아버지 장석인이 3.1 운동에 열정적으로 뛰어들었다가 일본 경찰에게 찍혔기 때문이었다. 장석인은 뒤늦게 공부에 뜻을 두어 나이 서른에 숭실전문학교를 졸업했고, 기독교 전도사이자 목사로서, 그리고 교사로서 민족의식을 전파하는 데 앞장섰다. 장준하는 그런 아버지를 눈에 담으며 자랐다. 아버지가 학교 목사로 일하던 신성중학교를 다니기도 했는데, 이때 장준하는 처음으로 감옥에 갇히는 경험을 한다.

1937년 신성중학교 교장 장이욱이 수양동우회 사건에 휘말려 일본 경찰에게 체포된다. 수양동우회는 안창호, 이광수 등 서북 출신 인사들이 주동하여 조직한 사회계몽운동 단체인데, 일본 경찰은 이들을 불순분자 집단으로 보고 체포한다. 신성중학교 학생들은 존경하는 교장 선생님이 자신들의 눈앞에서 끌려가는 모습을 보고 격분한다.

"일본어 교과서를 다 찢어 버리라우!"

"교장 선생님이 오실 때까지 수업은 없는 기야. 알아듣갔나?"

"전 학년 다 나오라! 교장 선생님을 석방하라!"

학생들은 수업을 거부했고, 시위가 이어졌다. 중일전쟁을 앞둔 일본의 제국주의 살기가 시퍼런 무렵이었기에 일본 경찰은 즉시 신성중학교로 총출동한다. 학생들은 교가와 아리랑을 부르며 경찰과 충돌했고, 일부는 산으로 이동해 농성에 들어갔다. 그런데 학생들을 빈틈없이 포위하고 있던 경찰들 가운데 한 명이 이런 말을 한다.

"주동자만 나오면 나머지는 풀어 주겠다."

역사 속에서 이런 모습은 흔하게 등장한다. 로마 노예 반란의 지도자 스팔타카스의 삶을 그린 영화 〈스팔타카스〉에서도 노예 군대를 격파한 로마 장군이 주동자인 스팔타카스만 나오면 나머지는 살려 주겠다는 식으로 말한다. 지도자와 대중을 격리시키고 대중의 생존 욕구를 자극하여 지도자를 희생시키게 만드는 이간질이라고나 할까. 하지만 노예들은 사방에서 벌떡벌떡 일어나며 "내가 스팔타카스다."라고 외친다. 그리고 비참하지만 고귀한 죽음을 맞는다.

신성중학교로 출동한 일본 경찰도 로마 장군처럼 주동자를 찾았다. 장준하는 당당하게 앞으로 나섰다.

"내가 주동자다."

그러자 영화 같은 장면이 펼쳐졌다. 여기저기에서 학생들이 "내가 주동자다!"라고 소리치며 일본 경찰 앞으로 성큼성큼 걸어 나온 것이다. 결국 장준하는 각 학년 대표들과 함께 일본 경찰에게 끌려가 유치장에 갇힌다. 평생 수없이 겪게 될 감옥살이의 시작이었다고나 할까. 훗날 우리나라 민주화운동의 원로가 되는 계훈제는 장준하의 1년 후배로 당시 시위에 가담했는데, 그때 장준하의 모습을 이렇게 회고한다.

"독립군의 손자국이 가득한 유치장에는 일본 식민지 교육을 갈기갈기 찢은 학생 우두머리 장준하가 눈 하나 깜짝하지 않고 철창을 응시하고 있었다. 유치장에의 나들이 길이 트인 것이다."

장준하는 학교를 졸업한 뒤 소학교 교사 생활을 시작한다. 하지만 당시에 학교 교사는 식민지 교육의 최전방에서 일제 당국의 지시를 받아야 했다. 장준하로서는 견디기 힘든 치욕이었다. 결국 그는 짧은 교사 생활을 그만두고 못다 한 공부를 마저 하기 위해 일본 유학을 떠난다.

하지만 역사의 소용돌이는 더욱 거세게 장준하를 덮친다. 일본이 1937년에 일으킨 중일전쟁만으로는 성에 차지 않았는지 1941년 하와이의 진주만을 공격해 미국과의 전쟁을 시작한 것이다. 전선은 남태평양 뉴기니에서 북만주까지, 북동태평양에서 인도양까지 확대된다. 일본은 물자와 인력을 무한정 투입해야 했고, 일본인만으로는 도저히 전선을 유지할 수 없었기에 '학병(學兵)'이라는 이름으로 조선의 청년들을 전쟁터로 끌고 가기 시작한다.

그런데 장준하는 뜻밖에도 학병으로 지원한다. 친구들의 맹렬한 반대에도 장준하가 학병에 지원한 데는 몇 가지 이유가 있었다. 우선 신사 참배를 거부하고 학교 교사직을 집어던진 뒤로 일제의 표적이 되어버린 아버지의 방패막이가 되고자 함이었다. 장준하는 자서전《돌베개》에서 이렇게 고백한다.

"나는 우리 집안의 불행을 내 한 몸으로 대신하고자 이른바 그 지원에 나를 맡겨 버린 것이었다."

또 다른 이유도 있었다. 학병으로 입대했다가 탈출한 뒤 중국에 있는 임시 정부로 가서 독립 투쟁에 나서기 위함이었다. 그는 학병으로 지원한 뒤 급하게 결혼한 아내 김희숙에게 이런 말을 남긴다.

"편지 속에 '돌베개'라는 말이 있거든 탈출한 줄 아시오."

그리고 머지않아 아내는 '돌베개'라는 말이 담긴 편지를 받는다. 일본군 부대에서 탈출한 것이다.

하지만 중국 대륙은 넓다. 수백 킬로미터의 거리를, 그것도 중국군과 일본군의 격전이 수시로 벌어지는 전쟁터를, 말도 제대로 통하지 않고 먹을 것과 마실 것을 구하기도 쉽지 않은 그 험한 길을 헤매며 장준하는 오로지 임시 정부를 찾았다. 중국 서북방 어딘가를 떠돌며 조국의 광복을 위해 태극기를 내걸고 있다는 임시 정부, 정부라고 하기에는 너무나 초라하지만 장준하에겐 등대와도 같았을 그 임시 정부를 찾아 헤맸다. 그리고 약 7개월 동안 2300여 킬로미터를 헤맨 끝에 임시 정부가 있는 곳에 도착한다. 그 험난한 여정은 이후 장준하의 삶을 예고하는 것이기도 했다.

《사상계》의 탄생

1945년 8월 15일, 광복의 날이 왔다. 장준하는 그때까지 일본군이 지배하고 있던 서울의 여의도 비행장에 내려 광복군 선발대로서 일본군의 항복을 받는다. 그러나 그것은 성급한 의식이었다. 일본을 패망시킨 강대국 미국과 소련은 한국을 한국인의 손에 맡길 생각이 없었고, 임시 정부의 자치 권력도 인정하지 않았다. 임시 정부 중요 인물들은 '개인' 자격으로 귀국해야 했고, 38선 이남과 이북에서 미국과 소련의 군정이 시작됐다.

공산주의를 혐오하던 장준하의 활동 무대는 당연히 남쪽이었다. 고향에 남아 있던 아내는 남편을 찾아서 시부모를 모시고 '소를 타고' 내려와 38선을 넘는다. 바야흐로 달콤한 신혼 생활을 시작해야 했지만 장준하와 아내는 그럴 운명이 아니었다. 장준하는 광복한 새 나라에서 자신이 할 일을 찾기 위해 이전보다 더한 돌베개와 가시방석을 마다하지 않았고, 아내도 그 뜻에 동참했다. 장준하의 아내는 당시의 삶을 이렇게 회고한다.

"한번은 저도 가계부라는 것을 써 보고 싶다고 하니, 얼마 후 생활비라며 봉투를 줬어요. 너무 좋아서 가계부를 만들었는데 이튿날 남편이 돈을 꿔 달라는 거예요. 없다고 했더니 '어제 준 것 있잖아요.' 해요. 남편은 그 돈을 친구 아들의 등록금으로 줬어요. 결혼식 주례를 서고 받은 양복지도 어느 날 찾아보면 사라지고 없어요. 남편이 저 모르게 형무소에서 나온 제자나 어려운 이웃에게 준 거예요. 제가 바느질집에 가서 일하고 외상도 하면서 겨우 살림을 꾸려 가고 있는 터라 서운해하면, 남편은 '내가 밥은 굶기지 않을게, 미안해요.'라고 했어요."

그러던 중 1950년 6월 25일, 남과 북의 비극적인 전쟁이 시작된다. 그리고 전쟁의 포화가 계속되던 1953년 4월, 임시 수도 부산에서 '역사적'이라는 형용사를 붙이기에 손색이 없는 잡지가 탄생한다. 바로 《사상계》다. 장준하가 자신이 참여하던 문교부(오늘날의 교육부) 기관지 《사상》이 폐간되자 아예 인수해 버리고 새로운 이름을 붙인 것이다.

장준하는 《사상계》에 사활을 건다. 자신의 이름을 내세워 필자들을 모았고, 조판, 인쇄 모두 외상으로 처리했다. 그런데 문제가 있었다. 동판(인쇄하는 데 쓰는 원판)만은 외상이 통하지 않았다. 한참 고민하던 장준하는 뭔가 떠올랐다는 듯 집으로 달려간다. 그러고는 아내의 겨울 외투를 비롯해 값나가는 옷가지 몇 벌을 몽땅 팔아 동판 값을 마련한다.

그뿐이 아니었다. 장준하는 아내에게 교정 작업까지 시킨다. 그는 잡지 《씨알의 소리》에서 이렇게 회고한다.

"생전 처음 하는 일이라 서툴러 빠져 일의 속도가 늦고 그나마 가르쳐 준 대로도 못 할 때면 슬며시 울화도 났지만 그렇다고 남들이 보는 사무실에서 핀잔을 주어 부부싸움을 벌일 수도 없는 일이었다."

그렇게 장준하와 그의 아내가 심혈을 쏟은 《사상계》는 대한민국을 뒤흔든다. 초판 3000부가 순식간에 팔려 나갔고, 지식인 사회에서 화제가 되었다. 그리고 폭 넓고도 깊이가 남다른 잡지의 반열에 오른다.

그러나 돌베개를 베듯 힘든 과정을 거쳐서 태어난 《사상계》의 고난은 여기서 끝이 아니었다. 아니, 오히려 시작이었다. 고난의 근원은 바로 1961년 5.16 군사 정변으로 정권을 잡은 박정희 대통령이었다.

대통령에 맞서다

"6.25가 일어났다. 당연히 받을 채찍이 이 땅에 임한 것이다. 그러나 하늘은 무심치 않아 그래도 이 백성들을 공산역도의 손아귀에 아주 넣지는 않았다."고 외친 반공주의자 장준하가 "반공을 제일의 국시로 삼는" 5.16 군사 정변에 긍정적인 시선을 보낸 것은 크게 어색하지 않다. 군사

정변 직후 발행한《사상계》6월호에서 그는 이렇게 이야기한다.

"4.19 혁명이 입헌 정치와 자유를 쟁취하기 위한 민주주의 혁명이었다면, 5.16 혁명은 부패와 무능과 무질서와 공산주의의 책동을 타파하고 국가의 진로를 바로잡으려는 민족주의적 군사 혁명이다."

그러나 정권의 방향이 장준하가 기대했던 혁명으로부터 멀어지고 '신악(新惡)이 구악(舊惡)을 뺨치는'(5.16 군사 정변 이후 등장한 말) 상황이 비일비재하게 벌어지자 장준하는 다시 한 번 돌베개를 자청한다. 맹렬한 야당의 투사로 변신한 것이다. 박정희 전 대통령에게 "밀수 왕초"라는 창날 같은 표현을 꽂아 감옥신세를 진 것은 얘깃거리도 못 되었다.

장준하는 우리 '민족'을 사랑한 사람이었다. 계급 투쟁을 말하는 이들을 배격했고, 웬만한 허물은 동족으로서 함께 짊어져야 할 십자가로 여겼다. 그랬기에 군사 정변도 긍정했고, 최남선 같은 친일파에게도 관대했다. 그러나 그는 권력을 쥔 이들의 불의와 민주주의의 파괴는 용납하지 못했다. 만주군 장교 출신의 집권자인 박정희가 나라를 제멋대로 다스리며 공산 독재에 맞설 힘인 민주주의를 억압하고, 굴욕적인 한일 회담을 추진하고, 기업의 비리를 눈감아 주고, 그로부터 정치 자금을 받아 챙기는 것을 봐주지 않았다. 그는 진정한 우익이었기에 개인의 이득에 눈먼 이 땅의 주류 우익과는 멀어져 갔다.

장준하가 거침없는 글과 사심 없는 마음으로 권력에 맞서는 동안, 그의 다섯 아이는 대학 문턱도 밟지 못했다. 그리고 아내는 장례식에 쓰는 조화를 접는 부업으로 생계를 이어 나가야 했다. 장준하 아들의 증언에 따르면 "불의한 정권을 쳐부수기 위해 게릴라전까지 불사하겠

《사상계》

　전쟁 통에 탄생한 《사상계》는 민족 통일 문제, 민주주의 사상의 함양, 경제 발전, 새로운 문화 창조, 민족 자존심의 양성을 기본 방향으로 삼았다. 자칫하면 공산주의자로 오해받기 좋을 글부터 당대 지식인들의 논쟁까지, 폭넓은 기획과 내용으로 지식인들의 지지를 받았다. 인문 교양지라 할 《사상계》가 1960년대 그 어려운 시기에 5~8만 부나 팔려 나갔다는 사실만으로도 《사상계》의 가치와 의미는 충분히 증명된다.

　지식인의 필독서는 대개 권력자들에게 혐오의 대상이기 쉽다. 장준하의 《사상계》 역시 그랬다. 《사상계》의 내용을 마땅치 않아 하던 정부는 1970년 폐간 조치를 내린다. 재벌과 국회의원, 고급 공무원, 장군, 장차관 등 특수 계층을 도둑 적(賊) 자로 표현하면서 부정부패를 날카롭게 풍자, 비판한 김지하의 시 〈오적〉을 실은 것이 발단이었다. 〈오적〉이 실린 것은 1970년 5월호, 지령 제 205호였다. 20여 년 동안 한국 지성계를 호령하던 잡지는 그렇게 막을 내린다.

다."고 했다는 장준하는, 항상 몽둥이를 차에 두고 다니다가 미행하는 차량이 있으면 몽둥이를 들고 뛰어나가 미행하는 사람이 혼비백산 도망가게 만들었다고 한다. 장준하는 암울한 시대의 촛불로, 얼어붙은 세상의 온기로, '재야의 대통령'으로 역사에 기록된다. 그는 항상 이렇게 외쳤다.

"후손들에게 못난 조상이 되지 말아야 한다. 그리고 독재를, 분단을, 불의를, 부패를 후손들에게 물려주지 않기 위해 목숨을 걸고 싸워야 한다."

역사 속의 빛이 되다

1975년 8월 17일, 장준하는 포천 약사봉에서 등산하던 중 의문의 죽음을 당한다. 사고 직후 실족사라고 발표됐으나 미심쩍은 점이 많았다. 아니나 다를까, 나중에 이장을 위해 그의 유해를 발굴했는데 둔기에 맞아서 생긴 상처가 두개골에서 발견됐다.

평생을 삶과 죽음 사이의 칼날 위를 걷듯 살았기 때문이었을까. 죽기 전에 장준하는 앞으로 무슨 일이 일어날지 예감한 듯한 행동들을 한다. 그는 윤봉길 의사가 홍코우 공원에서 도시락 폭탄을 던지기 전 맹세했던 태극기를, 김구 선생에게 받아 평생 소중히 간직해 온 그 태극기를 이화여대에 기증한다. 그리고 아내의 평생 소원도 풀어 준다. 장준하는 개신교 신자이고 아내는 가톨릭 신자였기에 두 사람은 가톨릭 결혼 예식인 혼배성사를 올리지 않은 채 살고 있었다. 가톨릭에서 정식 부부로 인정받으려면 반드시 올려야 하는 의미 있는 예식인데도 말이다. 그런데 장준하는 그가 의문의 죽음을 당하기 12일 전인 1975년 8월 5일, 별안간 가톨릭으로 개종하고 아내와 혼배성사를 올린다. 목사의 아들이자 한국신학대학교를 졸업한 골수 개신교 신자가 가톨릭 성직사 앞에 서서 혼배성사를 올린 것이다. 결혼 31년 만에 이뤄진 예식이었다.

나이 쉰에 면사포를 쓴 신부의 마음은 어땠을까. 열일곱에 시집와서 별의별 고생을 다 해야 했던 신부를 바라보는 신랑의 마음은 또 어땠을까. 그리고 열흘 남짓 뒤 시신으로 돌아온 신랑을 마주했을 때 그 신부의 가슴은 얼마나 아팠을까. 장준하의 급작스러운 죽음 앞에 많은 이들이 통곡했다. 장준하의 평생 동지였던 민중운동가 함석헌은 《씨알의 소리》에 이렇게 썼다.

"방 안을 들여다보니 빈 침대만 놓여 있고 미소를 띤 사진이 벌써 내놔져 있었습니다. 늘 보던 '일주명창(一炷明窓)'이라 쓴 액자만이 여전히 걸려 있지만, 그 타서 밝히던 한 자루 초는 어디를 갔을까? 우리는 어쩔 수 없이 되어진 사실인 것을 뻔히 알면서도 그래도 믿어지지를 않아 밤새 여기저기 전화를 걸어 진상을 확인해 보려 했으나 알 길이 없었습니다."

한국 여성 변호사의 효시라 할 이태영 변호사가 장준하의 아내를 잡고 이제 어떻게 사느냐며 울부짖을 때 아내는 이렇게 대답했다고 한다.

"언제 저 양반이 생활비 한 번 가져온 적이 있었어야지요."

장준하의 방에 걸려 있었다는 액자 속의 '일주명창'이라는 말은 '심지 하나가 창을 밝힌다.'는 뜻이다. 장준하라는 심지는 평생 자신을 태우고 가족의 일상적인 행복까지 불살라 가며 어두운 나라를 밝혔다. 김수환 추기경은 장준하의 추모 강론에서 이렇게 이야기한다.

"그의 죽음은 별이 떨어진 것이 아니라 보다 새로운 빛이 되어 우리의 앞길을 밝혀 주기 위해 잠시 숨은 것뿐입니다."

그 "잠시"는 아직까지 계속되고 있는지도 모른다. 게으른 술래가 된 우리는 역사 속으로 숨어 버린 그의 모습을 잊어서는 안 될 것이다. 꼭 꼭 숨은 머리카락 하나라도 찾아 외롭게, 의롭게 세상을 밝히다 간 그의 삶을 돌아봐야 할 것이다.

09

민중 학살 명령을
거부한 경찰,

이섭진

이섭진李燮晋, 1921~1989년   전 영동경찰서 용화지서장. 6.25 전쟁 때 억울하게
처형될 처지에 놓인 마을 주민들의 탈출을 도와 목숨을 구해 주었다.

"나 살자고 저 수십 명을 떼죽음시킨다면 어찌 평생 발 뻗고 잘 수 있겠나."

몇 년 전 취재차 경상남도 하동을 찾은 적이 있다. 정신 이상 탓에 온 집 안을 쓰레기로 채우던 할머니를 병원으로 모시기 위해서였다. 할머니의 아들과 함께 별의별 설득을 다 했지만 할머니는 완강하게 거부했다. 거부하는 정도가 아니라 욕을 퍼부으며 흙을 뿌리기까지 했다. 결국은 강제 입원 절차를 밟았다. 편안히 모시고 싶었건만, 기어이 강제로 끌려가는 할머니 모습을 봐야 하나 싶어 마음이 편치 않았다.

그런데 응급이송단이 오자 놀라운 일이 벌어졌다. 그토록 기세등등하던 할머니가 별안간 어린 양처럼 순해진 것이다.

"내 가야 됩니꺼? 갈랍니더, 갈랍니더."

어안이 벙벙해진 나와 당신의 아들을 제치고 할머니는 오히려 앞장서서 구급차로 향했다. 도대체 이게 어찌된 일인가, 하도 어이가 없어 영문을 물어보니 할머니는 "제복 입은 사람들이 가자면 가야지."라고 하셨다. 제복의 공포였다. 6.25 전쟁 때 할머니의 부모는 '제복 입은 사람들'에게 어디론가 끌려가 돌아오지 않았다고 했다.

"할아버지가 마당에서 노는 나를 보고 소리 없이 눈물 흘리던 생각밖에 안 나요."

어느 더운 여름날 부모를 데리고 간 제복 입은 사람들, 툭하면 대문짝을 차고 들어와 할아버지를 윽박지르던 제복 입은 사람들을 할머니는 평생의 공포로 간직하고 있었다. 알고 보니 할머니의 부모는 '국민보도연맹' 가입원이었고, 그로 인해 죽음을 맞아야 했던 수십만 희생자 가운데 일부였다.

국민보도연맹의 정체

1949년 6월 5일, 명동의 시공관(오늘날의 명동예술극장)에서 국민보도연맹(보도연맹)의 결성식이 열린다. 단체를 이끈다는 사람들의 면면은 매우 화려했다. 선우종원, 오제도, 정희택 등 해방 공간과 정부 수립 과정에서 좌익과 치열한 싸움을 벌여 온 검사들이 단체를 주도했고, 총재는 내무부 장관을 지낸 김효석이 맡았다. 그리고 "우리 국군은 전쟁이 나면 아침은 개성, 점심은 평양, 저녁은 신의주에서 먹는다."라는 말로 유명한 신성모 당시 국방장관이 고문으로 있었다. 구성원의 성향으로 보면 여지없는 우익 관제 단체 같았지만, 이들이 끌어들이고자 하는 사람들은 우익이 아니었다. 서울 한복판에 번듯한 사무실을 내고 활동을 시작한 이 보도연맹은 무엇을 하는 단체였을까.

'보도(保導)'는 '보호하고 지도한다.'는 뜻이다. 보도연맹 지도부가 보호하고 지도하고자 했던 이들은 바로 좌익이었다. 골수 좌익뿐만 아니라 본의 아니게 얽힌 적이 있거나, 좌익의 가족이거나, "우익이 보기에 좌익 같아 보이는" 모든 이들을 포함했다. 즉 '잘못된 판단으로 좌익의 대열에 들어선 이들'을 보호하고 지도해 올바른 길로 이끌겠다는 포부였다.

보도연맹에 가입하지 않은 좌익 전력자는 가만두지 않을 것이라는 섬뜩한 경고가 내려진 가운데, 공산주의 정당인 남조선노동당(남로당)의 당원이었던 사람들을 비롯하여 어쩌다 인민위원을 맡았던 시골 노인들, 아무것도 모르는 학생들에 이르기까지 앞 다퉈 보도연맹에 가입했다. 여기에 공무원 특유의 성과주의 경쟁이 덧붙으면서 보도연맹원의 수는 눈덩이처럼 불어났다. "옆 동네는 보도연맹원이 100명이라는데 우리는 20명이 뭐야? 더 채워 오시오!" 하는 식이었다. 영화 〈태극기 휘날리며〉에서 좌익으로 몰린 영신(이은주)이 애인 이진태(장동건)에게 "나는 보리쌀 준다고 해서 가입한 죄밖에 없다."고 한 것은 상당 부분 사실이었다.

불과 1년 만에 보도연맹은 연맹원 30만을 헤아리는 거대 조직이 된다. 그 가운데 진짜배기 좌익은 20퍼센트도 되지 않았고, 나머지는 그야말로 순진하고도 얼뜬 농민들이었다는 것이 보도연맹원 모집을 맡았던 사람들의 진술이다. 그런데 끔찍하게도, 6.25 전쟁이 터지면서 이 보도연맹원 명단은 처형자 명부로 변해 버린다. 정부가 30만 명에 이르던 보도연맹원을 잠재적인 적으로 보고 그들을 몰살하라는 지시를 내린 것이다.

전쟁이 터지기 전 해방 공간에서 벌어진 피어린 다툼으로 좌익과 우익은 이미 불구대천의 원수가 되어 있었다. 1948년 제주 4.3 사건 때 우익의 행동대인 서북청년단이 벌인 만행은 지금도 아물지 않는 상처로 남아 있다. 같은 해 10월에 일어난 여수·순천 사건에서 좌익들이 자행한 학살은 우익은 말할 것도 없고 보통 사람들의 고개마저 젓게 했으며, 그 이상의 피비린내 나는 복수를 불렀다. 그리고 기어코 전쟁이 터졌을 때 이승만 정부는 '보도연맹원 학살'이라는 대한민국 흑역사를 만든다.

6.25 전쟁이 발발한 당일에는 요시찰 인물 체포령이 떨어졌고, 6월 27일에는 보도연맹원을 소집, 구금 및 처형하라는 명령이 떨어졌다. 전쟁 당시 6사단 헌병대 상사이던 김만식은 "6월 27일경 헌병사령부를 통해 대통령 특명으로 분대장급 이상 지휘관은 명령에 불복하는 부대원을 사형시키고 남로당 계열이나 보도연맹 관련자들을 처형하라는 무전지시를 직접 받았다."고 증언했다. 그리고 "보도연맹원으로 끌려가 죽은 사람들 중에는 아주 순박하고 어진 평범한 시민과 농민이 많았다."고 고백하기도 했다.

파죽지세로 밀고 내려오는 인민군에 쫓기면서 경찰과 헌병대는 동네마다 보도연맹원 소집령을 내렸고, 멋모르고 모여든 그들을 무참히 살해하면서 남하했다. 학살이 가장 극심했던 곳은 국군의 퇴로였던 충청북도와 경상도 지역이었다. 경기도에서 경황없이 후퇴하면서 보도연맹원들을 처리하지 못한 것을 만회라도 하듯이, 국군과 경찰은 평범한 시민임에 분명한 이들을 집단 학살한다. 지켜보던 미군이 경악하여 뜯어말릴 만큼 우익과 군경의 살기는 극에 달해 있었다.

살인 명령을 받다

전쟁 초반에 국군의 상황은 절망적이었다. 한강 방어선이 뚫린 뒤 오산에서 미군 선발대가 처음으로 인민군과 맞섰지만 맥없이 무너졌고, 인민군은 탱크를 앞세워 기세등등하게 남하했다. 미군 24사단이 온 힘을 다해 싸웠음에도 대전이 함락된 것이 7월 20일이었다. 참패였다. 24사단장 윌리엄 딘 소장이 인민군의 포로가 될 정도였다. 7월 중순쯤에는 충청도 일대의 전선 전체가 붕괴되었다. 결국 후퇴 명령이 내려왔다. 그리고 살인 명령이 뒤따랐다.

"보도연맹원을 모두 즉결 처형하라."

보도연맹원들은 어디로 가는지도 모른 채 끌려가 어둠 속에 묻혔다. 일단 보도연맹 딱지가 붙었다 하면 용서받지 못했다. 때문에 안타까운 일들이 곳곳에서 벌어졌다.

이런 일도 있었다. 광복 이후 충북 영동에서 군수까지 지낸 사람이 보도연맹원 틈에 낀 것이 한 경찰관의 눈에 띈다.

"어, 저 양반이 보도연맹원이었어?"

군수까지 지냈으니 한 자락 인연이 걸친 사이였을 수도 있다. 경찰관은 그를 붙잡고 "집에 가서 옷이나 갈아입고 오시라."고 넌지시 이야기한다. 눈치를 채서 도망을 치든 학살이 끝날 때까지 숨어 있든, 그 죽음의 대열에서 빠져나가게 할 작정이었다. 그러나 이 고지식한 양반은 정말 옷을 깨끗이 갈아입은 뒤 모자까지 떡하니 쓰고 나타났고, 몇 시간 후 시체 더미에 합류한다.

자신의 장인어른을 손도 한 번 못 써 보고 황천길로 보낸 경우도 있다. 그를 살려 보겠다고 나섰다가는 자신의 목숨까지 잃을 수 있는 시절이었다.

1950년 7월 18일, 영동경찰서에는 관내 지서장이 모두 집결한다. 영동경찰서장은 무거운 음성으로 명령한다.

"내일 중으로 국민보도연맹원들을 모두 격리하라는 지시다. 오늘부터 유치장도 특무대(오늘날의 기무대로, 방첩 업무를 맡은 부대)가 관리한다. 전시 비상계엄 아래서 어쩌겠는가. 군에서 하라는 대로 할 수밖에…. 남부 4개 면은 황간지서로, 용화면은 용화지서로, 영동읍을 비롯한 나머지 6개 읍면은 경찰서 수사계로 넘기되 황간지서장과 용화지서장은 지서나 창고에 이들을 집결시켰다가 특무대에 넘겨라. 다시 한 번 말하지만 교육 소집이니 한 사람도 빠져서는 안 된다."

이 명령이 무엇을 뜻하는지 모르는 지서장은 없었다. "격리"는 '이승과의 격리'를, "특무대"는 '저승사자'를 뜻하는 것이나 마찬가지였다. "한 사람도 빠져서는 안 된다."는 말 앞에서는 모두 소름이 돋았을 것이다.

명령은 시행된다. 이튿날 보도연맹원들은 영동경찰서와 각 지서 앞마당에 모여들었다. "보도연맹 교육"이 있다고 했다. 교육은 1박 2일 동안 진행된다고 했다. 그들은 창고에 수용돼 한뎃잠을 잤다. 수십 명의 천진한 농민들이 고된 농사일의 피로감에 아무렇게나 쓰러져 잠들었다.

　그런데 농민들의 코고는 소리를 들으며 잠 못 이루는 사람이 있었다. 영동경찰서 용화지서장 이섭진이었다.

　'도대체 어떻게 저 순한 사람들을 다 죽인단 말인가.'

　이섭진 지서장은 창고 안의 사람들이 대부분 좌익, 이른바 '빨갱이'가 아니라는 사실을 너무나 잘 알고 있었다. 진짜 빨갱이라면 이미 산에 들어가 공산당의 유격대가 돼 있거나 월북을 했지, 마을에 남아 한가롭게 농사를 짓고 있지는 않았을 것이다. 저들은 세상 물정 모른 채 오라면 오고 앉으라면 앉는 농부일 뿐이었다. 창고 주변을 수십 번 돌면서 이섭진은 고민한다.

　'상부에 다시 생각해 봐 달라고 요청할까?'

　그러나 당시는 전쟁 중이었다. 여차하면 자신이 좌익으로 몰릴 수도 있었다.

　'어차피 전쟁 중이고, 내가 아니면 누구라도 할 일이니 실행해 버릴까? 그래. 누구 손에든 죽을 목숨들 아니냐고!'

　이섭진은 눈을 질끈 감았다. 그런데 아까 창고 앞에서 "지서장님 오셨어유?" 하고 인사하던 감나무집 철이 아버지의 사람 좋은 웃음이 떠오르자 다시 눈이 번쩍 뜨였다.

'그 사람 머리에 내가 총을 쏜다고?'

이섭진은 집으로 돌아가 안방에 누웠지만 잠이 오지 않았다. 뜬눈으로 밤을 지새우며 한숨만 푹푹 쉬던 그에게 아내가 무릎걸음으로 다가섰다.

"무슨 걱정 있어요? 상황이 많이 안 좋아요?"

처음에는 그냥 자라며 아내를 물리쳤지만 아내의 걱정스러운 채근에 이섭진은 사건의 전말을 털어놓는다. 이러지도 못하고 저러지도 못하는 자신의 처지를 곁들여서. 그런데 아내는 뜻밖에도 단호했다.

"그 죄 없는 사람들을 전부 죽인다고요? 말도 안 돼요. 당신 그러면 안 됩니다."

이섭진은 놀라우면서도 반가웠고, 속이 시원하면서도 불안했다. 저 깊은 가슴속 양심의 소리야 아내의 말에 환호했지만, 제복 어깨 위에 달린 견장이 양심의 소리를 틀어막고 있었다. 이섭진은 계속 맥없는 어조로 말을 이었다. 마치 아내를 시험이라도 하듯이.

"그렇다고 명령을 어길 수도 없잖아. 우리 애들도 생각해야 하지 않겠소?"

명령을 이행하지 않으면 자신에게 무슨 일이 일어날 수도 있음을 넌지시 일깨우는 말이었다. 여기서 아내가 멈칫하거나 파랗게 질렸다면 이섭진의 고민은 더 지속됐을 것이다. 하지만 아내의 입에서 나온 말은 남편의 머리를 죽비처럼 내리쳤다.

"저 무고한 사람들 죄 죽여 놓고 무슨 염치로 세상을 살 겁니까? 하늘을 보고 살 수 있겠어요?"

이섭진은 결심을 굳혔다. 아무리 명령이라 하더라도 죄 없는 사람들을 죽일 수는 없었다. 그는 자신의 고민이 상부의 명령을 따라야 하는 경찰관으로서의 책임감보다는 명령에 불복종했을 때 자신에게 돌아올 불이익에 뿌리를 두고 있다는 것도 깨달았을 것이다.

"그래. 나 살자고 저 수십 명을 떼죽음시킨다면 어찌 평생 발 뻗고 잘 수 있겠나."

인간 존엄성을 실현하다

다음 날 오후 이섭진은 보도연맹원 한 사람을 데리고 창고로 향한다. 이섭진의 얼굴은 푸른 결기로 빛났을 것이다. 그 푸름은 온 마을을 뒤덮고 있던 살기가 아니라 생기였을 것이고, 인간으로서의 존엄을 잃지 않은 희망의 빛이었을 것이다.

특무대의 명령이라면 호랑이도 앞발을 모으고 머리를 조아린다던 시대였다. 특무대에게 보도연맹원을 넘겨주라는 명령을 정면으로 어길 경우 누구의 권총에 뒤통수가 뚫릴지 모를 일이었다. 실제로 영동경찰서 증평지서장 안길룡은 보도연맹원들을 살리려다가 특무대의 손에 죽는다. 하지만 이섭진은 두려움을 극복하고 양심을 지킨다. 그는 창고의 봉창을 널빤지로 허술하게 막고 철사를 자를 칼과 가위를 창고 안에 슬그머니 넣어 둔다. 그러고는 동행한 보도연맹원에게 이렇게 이야기한다.

"무슨 일이 생기면… 무슨 일이 생기면… 아까 막아둔 봉창으로 빠져나와 사람들을 안전한 곳으로 대피시키게. 이유는 묻지 말고. 그리고 지금 내가 한 말을 절대 다른 사람들에게 얘기하면 안 되네."

"무슨 일이 생기면"이라고 힘주어 말하는 이섭진의 목소리가 떨렸다. 이렇게까지 눈치를 주는데도 얌전히 창고에 앉아 있을 사람은 없었다. 용화면 보도연맹원들은 자신들이 왜 소집됐는지를 순식간에 깨닫고 모두 달아났다. 영동 전역에서 수백 명의 보도연맹원이 죽어 나갔지만 용화면에서는 단 한 사람도 죽지 않았다.

그러나 "절대 다른 사람들에게 얘기하지 말라."는 당부는 지켜지지 않았다. 이섭진 지서장의 미담은 기적처럼 목숨을 건진 사람들 사이에서 불길처럼 퍼져 나갔다. 이섭진이 후퇴했다가 용화면으로 다시 돌아왔을 때는 대대적인 환영 잔치가 벌어졌고, 이 사실은 당국에도 전해졌다. 결국 1951년 11월, 이섭진은 다른 곳으로 전출된다.

그러나 은혜를 잊을 수 없던 용화면 사람들은 1952년 11월, 십시일반으로 돈을 거두고 힘을 보태 공덕비를 세운다. '이섭진 지서장 영세불망비', 즉 영원히 잊지 못할 은혜에 대한 고마움의 표시였다. 어느 노인이 붓을 기울여 지었을 비문은 이렇다.

"강직하고 현명하게 일에 임하여 어질고 착한 마음으로 사람을 구했네. 한 고을을 잘 다스리니 그 덕이 이웃에까지 미쳤도다. 모든 사람이 봄을 맞이하듯 집집마다 그의 덕을 기억하여, 비록 길가에 세운 조각돌일지라도 영원히 잊지 말자[剛明莅事 濟之慈仁 鎭玆一區 傍及外鄕 家家懷德 人人迎春

路上片石 永年不泯]."

그런데 이섭진 지서장을 기억하는 건 주민들만이 아니었다. 당국은 명령 불복종 전력자 이섭진을 끊임없이 견제하고 감시했다. 그러다 어느 날 이섭진이 아는 사람과 술 한잔한 것을 빌미 삼아 그를 비위 경찰로 몰아갔다. 결국 이섭진은 1961년 경찰직에서 쫓겨나고 만다. 그 뒤 변변한 직업을 갖지 못한 그는 아들의 표현에 따르면 "퉁소 불며 시조 읊으며" 남은 생을 보낸다.

전국을 뒤덮은 전쟁의 소용돌이에도 인간의 존엄성을 지키며 어둠의 한 귀퉁이를 밝힌 사람들이 또 있었다. 앞서 말한 안길룡 증평지서장, 보도연맹원과 좌익계 군민들 앞에서 "여러분을 모두 방면한다. 내가 반역으로 몰려 죽을지 모르지만, 혹시 죽으면 내 혼이 각자의 가슴에 들어가 지킬 것이니 새 사람이 돼 달라."고 비장하게 연설하고 사람들의 목숨을 구한 구례경찰서장 안종삼 등이다. 그들은 같은 인간으로서 무고한 목숨을 거둘 수 없었기에 자신의 목숨을 걸고 양심을 지켰다. 하지만 이들의 노력에도 불구하고 6.25 전쟁 당시 정부는 어림잡아 계산할 수도 없을 만큼 많은 국민의 생명을 빼앗았다.

민주주의의 근본 이념은 '인간 존엄성의 실현'이다. 민주주의를 지키기 위해 용감히 싸우다 죽어간 이들의 명예를 위해서라도 우리는 인간의 존엄성을 스스로 짓밟은 흑역사를 기억해야 한다. 아울러 그 속에서 인간의 존엄성을 지킨 사람들을 기려야 한다. "봄을 맞이하듯" "그의 덕을 기억"해야 한다.

10

작은 목소리를 대변한 변호사,

조영래

조영래 趙英來, 1947~1990년　인권 변호사. 여성 조기 정년제 철폐 사건, 부천서 성고문 사건, 상봉동 진폐증 환자 사건 등을 변론하며 평생 인권을 수호하기 위해 애썼다.

"진실을 영원히
감옥에 가두어 둘 수는
없습니다."

격동의 1980년대가 저물고 세계사적 격변기라고 할 20세기의 마지막 10년이 열리던 1990년의 12월 중순, 한 변호사의 장례식이 열린다. 나이 마흔셋에 유명을 달리한 남자. 평범한 개인으로 보아도 요절이라는 표현을 쓰며 안타까워할 죽음이지만 영결식장에 몰려들어 눈물바람을 하는 조문객들의 아쉬움과 슬픔은 유독 컸다. 사람들은 믿기지 않는 나이에 세상을 떠나 버린 그 사람을 원망하며 하늘을 보고 탄식했다. 세상을 등진 변호사의 이름은 조영래였다.

그의 영결식 순서지에 등장하는 수많은 이름은 그 자체로 대한민국의 현대사를 구성한다. 장례식의 사회자는 "저녁이 있는 삶"이라는 유행어를 남긴 전 경기도지사 손학규이고, 조시(弔詩)를 읽은 이는 시인 김지하이다. 그 외에도 노무현, 문익환, 계훈제, 송건호, 이소선, 김근태 등 현대사를 이끈 사람들의 이름이 병풍처럼 늘어서 있고, 조영래와 가까웠던 후배이자 2016년 현재 서울시장인 박원순의 이름도 등장한다. 한때는 고인과 뜨거운 동지였을 것이나 지금은 사뭇 다른 길을 걷고 있는 김문수 전 경기도지사와 이재오 의원 등도 있다. 그리고 조금 의아하게 보이는 이름이 또 있다. 추도사를 쓴, 오늘날 극우 논객으로 이름 높은 조갑제이다. 그는 추도사에서 조영래의 삶을 매우 간결하고 아름다운 명문으로 압축한다.

"'조변'은 작은 것의 소중함과 아름다움을 아는 이였다. 그는 연탄공장 주변의 진폐증 환자, 스물다섯 살에 정년퇴직해야 했던 여자, 분신자살한 젊은 노동자, 이런 작은 이들의 문제 속에서 이 역사와 이 사회를 울리는 큰 의미를 뽑아냈다. 상처 받은 권양이 자립할 수 있도록 자상하고 세심하게 보살펴 준 이야기는 오영수의 단편 소설감으로도 손색없을 것이다. 그리하여 우리의 조영래는 억울한 사람들이 제일 먼저 떠올리는 '이름'이 되었다. 그가 바로 '법을 배운 전태일'이었다. '조변'은 꽉 찬 80년대를 살았지만 결국 못다 핀 꽃이었다. 이것이 원통하고 억울한 것이다. 그는 10년 정도를 담을 그런 그릇이 아니었다. 짧았던 43년보다 몇 배나 더 오래 이어질 아쉬움, 추억담, 그리고 긴 여운을 우리 가슴속에 남기고 그는 표표히 떠났다."

이 추도사에는 조영래의 삶에 관한 거의 모든 것이 담겨 있다. 추도사에 등장하는 몇몇 단어만 뽑아서 살펴봐도 그가 어떤 삶을 살았는지 알 수 있다.

분신자살한 젊은 노동자

1970년대 한국 경제는 고도 성장기에 접어들고 있었으나 경제 발전의 그림자는 짙었다. 시커멓게 드리운 그늘 속에서 얼마나 많은 영혼이 언젠가 맛볼 따스한 햇볕을 갈구하며 발버둥 치다가 시들어 갔는지는 아무도 모른다.

1970년 11월 13일, "근로기준법을 준수하라! 우리는 기계가 아니다!"를 외치며 분신한 전태일은 지금까지 누구도 주목하지 않았던 인권의 사각지대를 밝힌다. 평화시장의 햇빛도 들지 않는 작업실에서 피를 토하며 재봉틀을 돌리는 아이들의 권리를 찾기 위해 필사적으로 노력하다 좌절하며 죽어간 전태일의 삶과 죽음은 많은 이들을 안타깝게 했다. 한자투성이의 노동법전을 뒤적이며 "나에게 대학생 친구 하나만 있었으면." 하고 부르짖던 전태일의 절규는 젊은이들의 양심에 불을 질렀다. 그리고 그 선두에 조영래가 있었다. 대학 졸업 후 대학원을 다니며 사법고시를 준비하던 조영래는 전태일의 분신 소식을 듣자마자 청계천으로 달려가 그의 장례식을 서울법대 학생장으로 치르게 하고 시국선언문 초안을 쓴다.

뒤늦게나마 전태일의 대학생 친구가 되어 준 조영래에게 전태일이 화답이라도 한 것일까. 조영래는 전태일 덕분에 평생의 배필을 얻는다.

1971년 6월 3일, 〈동아일보〉에는 한 여대생의 투고가 실린다. 노동자 전태일의 죽음에 분노한 이화여대 4학년 이옥경의 투고였다.

"한국 사회에서 양심을 더럽히지 않고 산다는 것은 정말 어렵게 보인다는 이 서글프고 치사한 사실이 정말이지 진절머리 나도록 싫기 때문에 우리 세대는 '정치적', '사회적'이 되지 않을 수 없다. 양심의 아픔 없이도 각자가 개인의 행복과 안락을 추구할 수 있는 자유가 너무도 그리워서, 정치 사회 문제에는 소질도 취미도 별로 없는 사람이 정말 '재미있는 일'을 걱정없이 하고 싶어서, 우리는 없는 소질을 불러일으켜서라도 이런 사회의 성립을 방해하는 모든 요소에 대해 관심을 갖고 목청을 높이지 않을 수 없는 것이다."

조영래는 이 투고에 마음을 그만 빼앗기고 만다. 이옥경은 신문에 독자 투고가 실린 며칠 뒤 친구의 연락을 받는다.

"서울대 모 학생이 너를 보고 싶어 한대."

머지않아 둘은 얼굴을 마주하게 된다. 그리고 불의한 사회를 진절머리 나게 싫어한 여학생과, 옳은 일이라고 생각하면 불에 덴 듯이 급하게 굴던 운동권 남학생은 금세 사랑에 빠진다.

둘은 곧 결혼을 약속하지만 결혼식은 그 뒤로 8년이나 미뤄진다. 조영래가 1971년 서울대생 내란음모 사건으로 감옥에 갔고(당시 조영래는 사법고시에 합격한 사법 연수원생이었다), 출옥한 뒤로도 근 6년 동안 수배 생활을 했기 때문이다. 그 기간은 조영래가 '법을 배운 전태일'로 거듭나는 시기이기도 했다. 조영래는 그 모진 수배 생활 중에 수양을 하듯 전태일의 일생을 추적하고 깊이 연구한 뒤 1983년 그 이름도 유명한 《어느 청년 노동자의 삶과 죽음》이라는 전태일 평전을 세상에 토해 낸다. 이 책의 집필 과정을 지켜본 조영래의 동지 장기표가 말했듯 그 글은 조영래의 글이지만 전태일의 글이기도 했다. 전태일의 삶은 조영래의 명문장 속

에서 생생하게 되살아났고, 전태일 평전은 수많은 이의 삶과 가치관을
바꾸어 놓는다.

조영래는 평생 그 책의 저자가 자신임을 알리지 않았다. 그는 진실
로 자신을 바닥까지 낮추고 드러내지 않아서 빛나는 사람이었다.

스물다섯 정년의 여자

1985년 교통사고를 당해 피해 보상을 청구한 직장 여성 이경숙은 1심
에서 당시 여성들의 평균 결혼 연령을 기준으로 25세까지의 수입만 보
상하라는 날벼락 같은 판결을 받는다. 여자는 결혼하면 퇴사를 해야 하
니 정년을 25세로 봐야 한다는, 대담한 판사의 대단한 판단이었다. 원고
이경숙은 절망한다.

그런데 항소를 포기하려던 그녀는 한 변호사로부터 놀라운 제안을
받는다. 그 변호사는 '신문을 보고' 연락했다는 조영래였다.

"제가 변론을 해 드리겠습니다."

이경숙은 망설인다. 지긋지긋한 법정 투쟁을 계속할 의사도, 능력도
없었기 때문이다. 그러나 변호사의 의지는 대단했다.

"제가 무료로 변론해 드릴게요. 한번 가 보십시다, 예?"

이경숙도 황당했을 것이다. 대체 이 사람은 누군데 신문 몇 줄 보고
와서는 이렇게 들이대는 것인가. 그러나 조영래의 열정은 그 의문을 덮

을 만큼 대단했고, 온갖 설득으로 원고의 마음을 돌려놓는다. 그리고 재판이 시작되기도 전에 최종 변론같이 기나긴 의견서를 제출해 재판부의 기를 질리게 만든다.

"우리나라 주부들의 가사 노동 대가를 금전으로 환산한 것은 이번이 처음입니다. 그러나 그 기준을 하필이면 '최하위 생계 노동'인 도시 여성의 날품삯 4000원으로 삼은 것은 정당하게 평가하려고 노력한 것으로 보기 어렵습니다. (중략) 헌법에 보장된 권리가 사법부에 의해 인정되지 않고 확인되지 않는다면 여성들이 기댈 언덕은 없는 것이지요."

당시 조영래를 취재한 〈경향신문〉 기자는 이 괴짜 변호사를 이렇게 묘사한다.

"미남형의 얼굴에 빗질을 하지 않는 듯한 머리 모양이 퍽 저항적인 인상이다."

그렇게 1년이 지나고 1986년 3월 4일, 마침내 고등법원은 1심의 판결을 깨고 여자의 정년 역시 남자와 같은 55세라는 판결을 내린다. 길고도 험난한 과정을 거친 끝에 상식적인 판결을 받아 낸 것이다. 그 과정의 중심에 변호사 조영래가 있었다.

진폐증 환자

흔히 진폐증 환자라고 하면 폐 속에 탄가루가 들러붙은 광부를 떠올리기 쉽지만, 조갑제가 추도사에서 말한 진폐증 환자는 연탄 공장 주변에 살던 사람이다. 심지어 그 사람은 연탄 공장의 노동자도 아니었다. 도심 한복판에서 진폐증에 걸린 환자 박길래는, 1974년 연탄 공장 주변으로 이사 와 평범하게 살아가던 주부였다.

공장에서 근무한 적도 없는 박길래는 시름시름 앓다가 백약이 무효한 병에 걸린다. 그리고 1982년 처음 검사했을 때는 폐결핵 진단을 받지만 1986년 진폐증으로 밝혀진다. 연탄 공장 주변에서 살기만 했는데 진폐증에 걸린 것이다. 당시 〈조선일보〉 기자 최구식은 이 사건을 특종으로 보도한다. 박길래의 진폐증이 연탄 공장에서 나온 탄가루 때문에 생겼다는 사실만 증명하면 최초의 공해병 환자로 기록될 것이었다.

그런데 문제가 발생한다. 의료보험증이 없던 박길래는 다른 사람의 의료보험증을 빌려 치료를 받았고 이로 인해 복잡한 법적 문제가 발생해 피해자 인정을 받지 못할 처지에 이른 것이다. 최구식 기자는 조영래 변호사를 찾아가 도움을 요청한다.

"진폐증은 맞는데, 이 진폐증이 연탄 공장 때문인지 밝히기 어려운 상황입니다. 결정적으로 피해자가 가난해서 어떻게 소송을 하기도 어렵습니다. 좀 도와주시지 않겠습니까."

딱한 사정을 들은 조영래는 힘차게 고개를 끄덕인다. 하지만 정작 피해자는 자신의 고통보다도 소송에 들어갈 비용과 시간, 온 가족의 어깨에 부려질 짐 더미에 지레 겁을 냈다. 조영래 변호사는 고심 끝에 기가 막힌 묘안을 생각해 낸다. 수십만 자의 법조문 속에 묻혀 있던 '소송 구조' 제도를 떠올린 것이다. 소송 구조란 경제적 약자에게 소송에 필요한 비용을 법원이 대신 내주는 제도인데, 이용자가 매우 드물었다. 조영래 변호사는 죽은 듯이 처박혀 있던 그 제도를 끄집어내 높디높은 문턱 위에 있는 법원의 코앞에 들이밀고, 소송 구조 결정을 받아낸다.

마침내 재판이 시작됐다. 피고인 연탄 공장 측은 예나 지금이나 국민들을 주눅 들게 하는 단어를 꺼냈다. '공익성'. 공공의 이익을 위해 개인의 이익은 당연히 희생해야 한다고 교육하고, 교육받던 시절이었다. 연탄 공장 측은 석탄 산업의 공익성을 강조하는 한편, 주민들이 피해를 자초한 측면이 있기에 피해를 일부 감수해야 한다고 주장했다. 해당 지역에 연탄 공장이 먼저 들어서고 그 뒤에 주택가가 형성됐으므로 주민들에게는 석탄 가루가 날리는 것을 '수인할 의무(참아야 할 의무)'가 있다는 것이다. 여기에 조영래 변호사가 카운터펀치를 날린다. 그 주먹은 꽤 묵직했다.

"모든 국민은 건강하고 쾌적한 환경에서 생활할 권리를 가집니다!(헌법 제35조)"

우여곡절 끝에 1987년 박길래는 승소했고, 우리나라 최초로 공해병 환자로 인정받는다. 박길래 재판에서 펼친 조영래의 변론은 "여태껏 이름뿐인 장식물에 머물렀던 환경권을 정면으로 끌어내 헌법을 현실 속에 살아 움직이는 일상규범으로 만드는 데 기여"(안경환 지음, 《조영래 평전》, 강, 2006)한 호쾌한 일격이었다.

상처 받은 권양

조영래가 가장 심혈을 기울인 사건은 1986년 부천서 성고문 사건이다. 이 사건의 발단은 5.3 인천 사태로 거슬러 올라간다.

1985년 2월 12일, 야당이 실질적 승리를 거둔 총선 이후 전두환 정권에 대한 저항의 파도는 점차 높아진다. 야당인 신한민주당(신민당)은 직선제 개헌을 촉구하며 각지에서 개헌추진본부를 결성하는 등 정권을 압박한다. 그리고 1986년 5월 3일, 신민당의 경기인천지부 개헌추진본부 결성식을 인천에서 열기로 한다.

경인 지역의 공업 단지를 중심으로 활동하던 노동운동가들은 이날을 전두환 정권에 대한 정면 도전의 날로 적극 활용한다. 노동자·학생 총동원령이 내려진 가운데 인천의 행사장 근처에서 격렬한 시위가 벌어졌고, 시위대와 경찰의 충돌로 행사장 일대는 불과 연기, 비명과 함성의 도가니가 된다. 사상 최대 규모의 시위였던 만큼 정권의 대응도 강경했다. 이 사건을 5.3 인천 사태라고 한다.

그로부터 얼마 뒤인 5월 21일, 서울대학교 의류학과에 재학 중이던 여대생 권인숙이 부천 지역 노동운동에 뛰어들어 공장 노동자로 위장 취업한다. 그러나 그의 '현장 활동'은 오래가지 못한다. 5.3 인천 사태로 당국의 감시와 사람들의 경계가 심해지면서 정체가 드러나고 만 것이다. 6월 4일 밤, 권인숙은 그녀를 의심한 동네 통장의 신고로 체포됐고, 수사를 받던 중 위장 취업자임이 드러난다.

그런데 더 많은 정보를 얻기 위해 혈안이 돼 있던 경찰은 꿈에라도

양심을 지킨 사람들

해서는 안 될 짓을 저지른다. 문귀동이라는 형사가 권인숙에게 성고문을 한 것이다.

권인숙은 죽음 같은 공포와 죽음보다 더한 수치심에 시달린다. 그러나 그 모두를 극복하고 성고문 사실을 사람들에게 알리기로 결심한다. 그녀는 먼저 가족에게 알렸고, 가족이 선임한 변호사에게도 털어놓는다.

그런데 가족과 변호사는 오히려 권인숙보다 더 공포에 질려서는 싸움을 포기하라고 권한다. 이런 일을 폭로해 봤자 스스로에게 해가 될 뿐이며 그냥 침묵하면 기소 유예 정도로 풀려날 것이라고 설득한다. 심지어 이런 편지까지 보낸다.

"네가 그것을 계속 문제로 삼고 나온다면 부모님이 아마 돌아가실지 모른다. 그렇게 되면 차라리 내가 너를 죽여 버리겠다."

이 편지를 보낸 사람은 권인숙의 언니다. 공포는 그만큼 무겁고 촘촘했다. 그러나 권인숙은 공포를 이긴다.

1986년 7월 3일, 권인숙은 그녀의 용기에 호응하여 달려온 변호사들과 함께 문귀동을 고발한다. 형사가 성고문을 했고, 그 피해자가 명백히 존재하고, 피해자가 힘겹게 그 사실을 증언하고 있음이 만천하에 알려진다.

그러나 넘어야 할 산은 많았다. 정부는 "가슴을 몇 차례 쥐어박은 사실이 있을 뿐"이라고 우기며 "10년 이상 경찰에 봉직하여 성실하게 근무하여 왔을 뿐 아니라 자신의 과오를 깊이 반성하고 있는 점"을 들어 문귀동을 기소 유예 처분한다. 동시에 권인숙이 "성을 혁명의 도구로 삼고 있다."고 공격한다. 권인숙은 변호사 199명과 함께 정부의 거짓말에 맞선다. 그 변호사들의 선봉에 조영래가 있었다.

박정희 전 대통령의 죽음에 통곡하던 소녀는 독재 정권에 저항하는 대학생이 되고, 위조한 주민등록증으로 공장에 취직한 노동운동가가 된다. 그리고 "성을 혁명의 도구로 삼"는 마녀로 전락한다. 이 기막힌 역사의 파도 속에서 조영래는 수많은 변호사의 맨 앞에 서서 "진실을 영원히 감옥에 가두어 둘 수는 없"다고 호소한다. 문귀동의 기소 유예 처분에 불복한 변호사들이 재정 신청을 했다가 기각됐을 때 조영래는 이렇게 울분을 토하기도 한다.

"우리는 오늘 우리 사법부의 몰락을 봅니다. 아무리 뼈아프더라도 이 말을 들어 주십시오. 사법부는 그 사명을 스스로 포기한 것입니다. 한 그릇의 죽을 얻는 대가로 장자 상속권을 팔아넘긴 것처럼, 사법부는 한갓 구구한 안일을 구하기 위하여 국민으로부터 위탁받은 막중한 사법권의 존엄을 스스로 저버린 것입니다."

1986년 시작된 권인숙과 조영래의 법정 투쟁은 1990년 국가를 상대로 한 손해 배상 청구 소송에서 승리하며 끝이 난다. 하지만 안타깝게도 조영래의 건강은 악화된다. 밤새 변론 요지서를 쓰다 보면 산처럼 쌓였다는 담배꽁초. 자신의 몸을 돌보지 않고 세상의 바닥을 돌아다니던 그는 마흔셋, 너무도 아까운 나이에 폐암으로 세상을 떠난다.

작은 것의 소중함

조갑제의 추도사 중 조영래 변호사를 가장 잘 표현한 말이 있다면 "작은 것의 소중함과 아름다움을 아는 이"일 것이다. 작디작아서 잘 보이지 않는 사건들, 작달막하여 곧잘 무시되는 가치들, 작은 키로 까치발을 하고서 세상을 바라보던 사람들을 위해 조영래는 일생을 바쳤다.

1986년 대한변호사협회의 인권위원으로 활동한 그는 우리나라 최초의 〈인권보고서〉 발간에 큰 역할을 했다. 1988년에는 조영래의 제안으로 손을 모은 51명의 변호사들이 '민주사회를 위한 변호사 모임'을 구성하기도 했다. 그가 수배 시절에 쓴 전태일 평전 《어느 청년 노동자의 삶과 죽음》은 수만 명의 양심을 깨우고, 삶의 방향을 바꾸고, 삶의 등대가 되어 주었다.

미국 방문길에 아들에게 보낸 엽서에서 조영래는 역시 작은 것의 소중함에 대해 이야기한다.

"앞의 사진은 뉴욕의 엠파이어스테이트 빌딩이다. 아빠가 어렸을 때는 이 건물이 세계에서 제일 높은 건물이었다. 아빠는 네가 이 건물처럼 높아지기를 바라지는 않는다. 세상에서 제일 돈 많은 사람이 되거나 제일 유명한 사람, 높은 사람이 되기를 원하지도 않는다. 작으면서도 아름답고, 평범하면서도 위대한 건물이 얼마든지 있듯이 인생도 그런 것이다. 건강하게, 성실하게, 즐겁게, 하루하루 기쁨을 느끼고 또 남에게도 기쁨을 주는, 그런 사람이 되기를 바랄 뿐이다."

그 작은 것의 소중함을 지키기 위해서 조영래는 작고 보잘것없고 힘

없는 것들을 밟고 선 거대한 장벽을 향한 돌진을 평생 되풀이했다. 사람들의 평범한 행복을 지키는 일이 얼마나 어렵고 험한 일인지, 조영래 변호사 그 자신은 잘 알고 있었을 것이다. 그래서일까. 엽서의 끝맺음은 이렇다.

"실은 그것이야말로 이 엠파이어스테이트 빌딩처럼 높은 소망인지도 모르겠지만."

11

혁명의 불을
지핀 사람들,
박종철 외

박종철 고문 치사 사건 1987년 1월 14일, 서울대생 박종철이 경찰 조사를 받던 중 물고문을 당해 숨졌다. 이 사건으로 국민들의 반독재 민주화 투쟁이 격렬하게 전개되었고, 이 열기는 범국민적 민주화운동인 6월 항쟁으로 이어졌다.

"청진기를 대 보니
폐에서 수포음이
들렸습니다."

2016년 현재 대한민국은 제6공화국 시대다. 문민정부니 국민의 정부니 참여정부니 하며 정권은 5년마다 꼬박꼬박 들어섰다 물러갔지만, 제9차 헌법 개정을 통해 이뤄진 제6공화국이 그 모든 정권을 아우른다는 사실에는 변함이 없다. 그리고 제6공화국을 낳은 것은 1987년의 6월 항쟁이다. 거의 모든 국민이 독재 정권에 맞서 항복을 받아 낸 역사적 사건의 결실이 바로 제6공화국이라는 뜻이다.

그렇다면 6월 항쟁의 시작은 무엇이었을까. 그것은 한 의로운 학생의 죽음에서 비롯되었다. 그렇게 시작된 혁명의 물줄기는 인간으로서, 시민으로서, 그리고 대한민국 국민으로서 정의를 지키기 위해 발버둥친 의인들에 의해 깊어져 마침내 말라붙은 한국 현대사를 가로지르는 거대한 강물이 된다.

1987년 1월 15일, 〈중앙일보〉 사회면에는 "경찰에서 조사받던 대학생 '쇼크사(死)'"라는 제목의 2단짜리 기사가 실린다. 죽은 학생은 서울대학교 언어학과에 재학 중이던 박종철이었다.

"경찰은 박군의 사인(죽은 원인)을 쇼크사라고 검찰에 보고했다. 그러나 검찰은 박군이 수사 기관의 가혹 행위로 인해 숨졌을 가능성에 대해 수사 중이다."

사람들의 머릿속에는 '진짜 쇼크사일까?' 하는 의문이 파고들었다. 정부는 난리가 났고 치안본부도 잘못된 보도라고 펄펄 뛰었다. 그러나 머지않아 진실이 드러났다. 부산에서 서울로 유학 와서 1980년 광주항쟁의 참상과 독재 정권의 만행에 분노하여 학생운동에 가담했던 청년 박종철이 용산구 남영동에 위치한 대공분실에서 고문을 받다가 세상을 떠난 것이다. 그는 피의자가 아닌 '참고인' 신분이었다. 즉 범죄를 저질렀다고 추궁받을 사람이 아니라 피의자의 주변 인물로서 경찰이 '협조'를 구해야 할 인물이었다. 그런데 그가 죽었다.

사건의 진실은 이랬다. 밝고 구김살이 없어 많은 사람이 좋아하던 박종철에게 어느 날 수배 중인 선배가 찾아온다. 박종철은 선배에게 1만 원과 누나가 짜 준 목도리를 건넸고, 며칠 뒤 그 선배를 추적하던 경찰들이 찾아와 박종철을 남영동 대공분실로 끌고 간다. 박종철은 선배가 갈 만한 곳을 알고 있었지만 끝내 말하지 않았고, 경찰들은 이 어진 젊은이의 팔다리를 잡아채 물이 가득한 욕조로 향했다. 물고문의 시작이었다. 그리고 1987년 1월 14일, 청년 박종철은 똥을 바지에 지릴 정도로 고통을 당한 끝에 세상을 떴다. 착하고 순진했던 청년, 하지만 "우리 앞에는 외면할 수 없는 역사와 현실이 있습니다."라고 단호하게 부르짖던

의로운 청년 박종철이 죽었다. 경찰은 이 죽음을 "쇼크사"라는 이름으로 세상에 내놓았다.

대개 불의한 자들은 진실이라는 태양 앞에서 바퀴벌레가 된다. 갑자기 진실이 불쑥 세상에 나와 자신들을 비추면 어찌할 바를 몰라 허둥대며 숨을 곳을 찾거나 되지 않을 몸부림을 친다. 박종철의 죽음이 세상에 알려졌을 때 경찰들이 한 행동도 다르지 않았다. 당시 대한민국 경찰의 총수가 한 말은 두고두고 웃음거리로 남는다.

"조사 중 책상을 탁 하고 치니까 억 하고 죽었다."

진실을 밝힌 사람들

당황한 경찰들이 독촉을 하는 바람에 박종철의 시신은 제대로 된 장례도 치르지 못하고 화장돼 얼어붙은 강물 위에 뿌려진다. 박종철의 아버지는 재로 변해 버린 아들의 유해를 뿌리며 울먹였다.

"종철아, 잘 가그래이. 아버지는 아무 할 말이 없데이."

그러나 온 나라는 박종철의 죽음에 관해 할 말이 많은 사람들로 넘쳐났다. 박종철의 시신이 재로 변하기 전부터 두려움을 이기고 진실을 입 밖에 낸 사람들도 있었다. "경찰에서 조사받던 대학생 '쇼크사(死)'"라는 기사를 낸 〈중앙일보〉 신성호 기자와 그보다 앞서 진실과 마주한 의사들이었다.

조사 당시 물고문을 당한 박종철이 의식을 잃자 다급해진 경찰들은 인근의 중앙대학교 병원 응급실 의사를 부른다. 달려온 이는 서른한 살의 의사 오연상. 그는 물이 흥건한 취조실을 보고 무슨 일이 벌어졌는지를 직감한다.

그때 심경이 어땠을까. 오연상은 물고문으로 사람을 죽인 괴물 같은 경찰들 틈에 있었다. 말 한마디 잘못했다가는 무슨 변을 당할지 모른다는 생각도 했을 것이다. 실제로 경찰들은 오연상이 취조실을 왔다 간 다음 날 그의 진료실 문 앞을 교대로 지키며 외부인과의 접근을 차단했다. 그러던 중 오연상은 화장실에서 신성호 기자를 만났고, 사건의 진실을 밝힐 단서를 비춘다.

"청진기를 대 보니 배에서는 꼬르륵 소리가 났고 폐에서는 수포음이 들렸습니다."

수포음이란 폐에 피나 기타 체액이 스며들어 나는 소리이기에 물고문과는 직접적인 연관이 없지만, 어떻게든 물고문이 있었음을 암시하고 싶었던 오연상은 그렇게 용기를 냈다. 그 말을 하지 않으면 평생을 죄책감에 시달릴 것이라 생각하면서.

하지만 박종철이 어떻게 죽었는지 확실히 알려면 부검을 해야 했다. 그리고 그 임무는 국립과학수사연구소(국과수)에서 맡고 있었다. 치안본부장을 비롯한 경찰의 고위 관리들이 국과수로 총출동했다. 심장 쇼크사로 하자는 등 질병에 의한 사망으로 하자는 등 갖가지 각본들이 제시됐다. 치안본부장이 국과수 직원에게 목욕비나 하라며 현금 다발 100만 원을 건네는 일도 벌어졌다. 국과수도 엄연히 경찰 산하 조직이었다. 경찰의 총수가 들이닥쳐 '목욕비'와 '각본'을 들이미는 이 상황에서 그들의 제안을 거부하기란 쉽지 않았다.

그러던 와중에 법의학자 황적준이 박종철 시신의 부검을 맡았다. 황적준 역시 고민을 거듭한다. 그는 뭐 하나 아쉬울 것 없는 국과수 의사로서 한 세상 편히 지낼 수 있는 사람이었고, 상관들은 각본대로 조작된 사인에 서명만 하면 된다고 부추겼다. "원래 폐에 병이 있었고 그것 때문에 죽었다."라고 말하면 끝이었다. 부검이 끝나면 시신은 곧바로 화장터에 보낼 예정이었으니 다른 의사가 시신을 다시 들여다볼 일도 없었다. 그야말로 눈 한번 질끈 감고 서명만 하면 되는 일이었고, 나중에 무슨 문제가 생기더라도 "조직의 일원으로서 상부의 명령을 거역할 수 없었다."라며 고개를 숙이면 자신이 책임질 일도 없을 것이었다. 황적준 박사의 머릿속은 터져 나갈 듯했다.

국과수 동료들과 술잔을 나누고 집에 돌아간 그는 가족의 얼굴과 마주한다. 그는 일기에 이렇게 쓴다.

"내 사랑하는 정희가 겉으로 드러내지 않는 깊은 사랑을 내게 던지고 있음을 알 수 있었고, 애들은 영문도 모르고 깊은 잠에 취해 있었다."

그날 밤 가족들의 얼굴에서 그는 행복하고도 평온한 일상을 보았을 것이다. 그리고 그 모습에 싸늘한 시신의 얼굴을 겹쳐 보았을 것이다.

'그 청년도 가족이 있었을 텐데…. 그 청년의 아버지도 잠든 아들의 얼굴을 보며 뿌듯해했을 텐데…. 대체 누가 그 가족의 행복한 일상을 파괴했는가. 왜 그들은 자신의 소중한 가족이 어떻게 죽었는지조차 몰라야 한단 말인가.'

　　　　　　　　　　　　양심을 지킨 사람들

그때까지 시대적 고민과는 동떨어진 삶을 살아온 황적준은 그 밤을 지나면서 당연한, 그러나 위대한 결심을 한다. 그리고 다음 날 가족들에게 이렇게 말한다.

"정의의 편에 서서 감정서를 작성하겠다."

하지만 사람이란 허약한 존재다. 작심삼일은커녕 아침의 결심이 저녁까지 이어지지 않는 일도 흔하다. 더구나 자신의 인생이 어떻게 될지 모르는 상황을 각오한 결심이라면 더욱 그렇다. 고민을 멈추지 못하던 황적준은 그가 믿고 의지하던 자신의 형을 찾는다. 그리고 자신의 결심에 힘을 얹는 답을 듣는다.

"사실대로 알리는 게 옳은 일이다."

황적준은 더 이상 고민하지 않는다. 그렇게 박종철 사건의 진실이 세상에 밝혀진다.

"경찰이 물고문으로 사람을 죽였다."

박종철을 추모하다

독재의 서슬 앞에 고개를 숙이고 있던 사람들이 서서히 고개를 들기 시작했다. 힘센 정권 앞에서 손바닥만 비비던 사람들이 주먹을 꽉 쥐었다. 1987년 1월 17일자 〈동아일보〉에 실린 논설위원 김중배의 칼럼은 사람들의 임계점을 대변한다.

하늘이여, 땅이여, 사람들이여. 저 죽음을 응시해 주기 바란다. 저 죽음을 끝내 지켜 주기 바란다. 저 죽음을 다시 죽이지 말아 주기 바란다.

태양과 죽음은 차마 마주볼 수 없다는 명언이 있다는 건 나도 안다. 태양은 그 찬란한 눈부심으로, 죽음은 그 참담한 눈물 줄기로 살아 있는 자의 눈을 가린다.

그러나 서울대학교 언어학과 3학년 박종철 군. 스물한 살의 젊은 나이에 채 피어나지도 못한 꽃봉오리로 떨어져 간 그의 죽음은 우리의 응시를 요구한다. 우리의 엄호와 죽음 뒤에 살아나는 영생의 가꿈을 기대한다.

"흑흑흑…".

걸려오는 전화를 들면, 사람다운 사람들의 깊은 호곡(소리 내어 슬프게 욺)이 울려온다. 비단 여성들만은 아니다. 어떤 중년의 남성은 말을 잇지 못한 채, 하늘과 땅을 부른다. 이 땅의 사람다운 사람들을 찾는다.

1월 26일 월요일, 명동성당에는 박종철의 죽음을 추모하는 특별 미사가 열린다. 이날 김수환 추기경은 대한민국 역사에 영원히 남을 강론을 한다. 그의 목소리는 성당 안에 모인 교우들의 머리 위로, 성당 밖 선술집에서 욕지거리 내뱉으며 술잔만 비우는 무기력한 사람들의 머리 위로, 고문으로 죽은 아이가 자신의 아이가 아님에 안도하는 사람들의 머리 위로 울려 퍼진다.

친애하는 형제자매 여러분. 오늘 우리는 지난 1월 14일 하늘마저 노할 경찰의 포악한 고문으로 숨진 서울대학 고 박종철 군의 참혹한 죽음을 애통해하면서 이 자리에 모였습니다. 솟구쳐 오르는 의분 속에 온 나라의 모든 이들이 눈물을 흘리며 할 말을 잊고 하늘만 바라보고 있는 어제, 오늘입니다.

민주 국가, 법치 국가, 정의 사회라는 대한민국 안에서 백주에 한 젊은 이가 경찰에 연행된 지 수 시간 후 시체로 변했다는 어처구니없는 사건을 기정사실로 받아들여야 하는 오늘의 우리 현실을 한없이 아파하면서, 이제 정신을 가다듬고 각자가 처해 있는 위치에서 과거에 대한 뼈아픈 반성과 앞으로의 나아갈 길을 생각해 보아야 하겠습니다.

야훼 하느님께서 동생 아벨을 죽인 카인에게 "네 아우 아벨은 어디 있느냐?" 하고 물으시니 카인은 "제가 아우를 지키는 사람입니까?" 하고 잡아떼며 모른다고 대답합니다. 창세기의 이 물음이 오늘 우리에게도 던져지고 있습니다. 지금 하느님께서는 우리에게 묻고 계십니다.

'너희 아들, 너희 제자, 너희 젊은이, 너희 국민의 한 사람인 박종철은 어디 있느냐?'

"'탕' 하고 책상을 치자 '억' 하고 쓰러졌으니 나는 모릅니다." "수사관들의 의욕이 좀 지나쳐서 그렇게 되었는데 그까짓 것 가지고 뭘 그러십니까?" "국가를 위해 일을 하다 보면, 실수로 희생될 수도 있는 것 아니오?" "그것은 고문 경찰관 두 사람이 한 일이니 우리는 모르는 일입니다."라고 하면서 잡아떼고 있습니다. 바로 카인의 대답입니다.

천둥 같은 강론이 졸지에 카인의 후예가 되어 버린 4000만 국민들의 가슴을 뒤흔든다. 김수환 추기경의 목소리는 아무 생각 없이 일상을 살아가던 사람들의 마음속까지 파고든다.

용기와 정의

정부는 그 와중에도 음모를 꾸민다. 박종철의 죽음에 관계된 경찰들이 더 있음에도 이를 축소, 조작해 경찰 두 명에게만 죄를 뒤집어씌우려 한 것이다. 그런데 이 모습을 낱낱이 지켜본 교도관이 있었다. 영등포교 도소 보안계장 안유였다. 그는 이후에 이렇게 고백한다.

"당시 경찰 수뇌부들이 구속된 경찰들을 찾아와 입 닥치고 있으면 1억 원을 주겠다고 회유하고 가족을 내세워 협박하는 모습을 직접 목 격하고 대공수사부서가 국가에 왜곡된 충성을 하고 있다고 생각했다."

그는 교도관이었다. 운동권 학생들, 시국 사범들과 실랑이를 벌이는 것이 임무인 교도관이었다. 경찰 수뇌부들이 교도소에 찾아와 구속된 경찰들을 안유의 눈앞에서 당당하게 협박할 수 있었던 것도 경찰이 교도관 을 자신들의 '식구'로 믿었기 때문이다. 그러나 안유는 그들의 믿음을 등 졌다.

"결국 엉뚱한 학생을 빨갱이로 몰아 죽이고 사건을 조작, 은폐 축소하 려는 것을 보고 어처구니가 없어 그 사실을 같은 구치소에 투옥돼 있던 이부영 씨에게 털어놨다."

이부영은 당시 민주통일민중운동연합 사무처장으로, 안유가 있던 영등포교도소에 수감 중이었다. 자신이 감시하는 수감자에게 자신이 속한 국가 기관의 비밀을 털어놓은 것이다. 그 마음은 어땠을까. 들키면 자신에게 어떤 일이 닥칠지 알기에 당연히 고민했을 것이다. 남영동 대공분실에 끌려가 '교도소 침투 간첩단'의 일원이 되어 욕조에 머리를 담근 채 버르적거리는 자신의 모습도 상상했을 것이다. 그에게도 가족이 있었을 것이고, 그 가족들이 해를 입을까 봐 걱정했을 것이다. 그러나 안유 교도관은 용기를 낸다. 아마도 마음속 한편에는 김중배의 절규가, 김수환 추기경의 호소가 자리 잡고 있었을 것이다.

"하늘이여, 땅이여, 사람들이여, 이럴 수 있는가. 저 죽음을 응시해 주기 바란다. 저 죽음을 끝내 지켜 주기 바란다. 저 죽음을 다시 죽이지 말아 주기 바란다."

그는 양심의 소리에 답했고, 자신을 파멸시킬 수도 있는 비밀을 누설함으로써 혁명의 물꼬를 텄다. 안유에게서 박종철 사건의 조작, 은폐 사실을 전해 들은 이부영은 그 내용을 편지로 써서 한재동 교도관에게 전달한다. 그리고 다시 한재동 교도관은 전병용 교도관에게, 전병용 교도관은 김정남에게 편지를 전달한다. 재야에서 민주화운동을 뒷바라지 하던 김정남은 편지 내용을 바탕으로 성명서를 작성해 천주교정의구현전국사제단에 넘긴다.

1987년 5월 18일, 천주교정의구현전국사제단이 발표한 정부의 고문 경찰 사건 축소, 조작 폭로는 안유 교도관이 전한 내용 그대로였다. 아이러니하게도 독재 정권은 감옥 안에서부터 허물어졌다. 권력의 더러운 민낯이 5월의 햇살 아래 적나라하게 드러났다. 그로부터 20일 후

6월 항쟁의 불길이 나라 전체로 퍼져 나간다.

"고문 없는 나라에서 살고 싶다."

"박종철을 살려 내라!"

"독재 타도, 민주 쟁취!"

그냥 눈 한번 질끈 감고 선배의 행방을 이야기했어도 박종철은 그다지 부끄럽지 않았을 것이다. 물고문을 버틸 사람이 몇이나 되겠는가. 하지만 박종철은 목숨을 잃을 때까지도 입을 열지 않았다.

의사 오연상과 황적준 역시 구태여 용기를 내지 않아도 사는 데 아무런 지장이 없는 사람들이었다. 먹고살 걱정과는 거리가 멀었고, 상부의 지시나 경찰의 협박에 못 이겨 그랬노라 변명한다 해도 누가 뭐라고 할 분위기가 아니었다. 안유 교도관은 더 말할 것도 없다. 애초에 그의 임무는 교도소 내부와 외부의 연락을 차단하고 내부의 비밀이 외부에 알려지지 않도록 하는 것이었다.

하지만 그들은 정의를 택했다. 그들이 쉽고도 안락한 자기 합리화 대신 정의를 택한 덕분에 대한민국은 정의로운 사회에 한 발 더 다가갈 수 있었다. 그리고 1987년 6월, 수십만의 사람들이 정의의 대열에 합류할 수 있었다.

12

세상을 바꾼
양심선언자들,
이문옥·이지문·한준수

이문옥李文玉, 1939~   전 감사관. 재벌들과 감사원의 위법 행위를 폭로했다.
이지문李智文, 1968~   전 육군 중위. 군대에서 벌어진 부정 선거를 폭로했다.
한준수韓峻洙, 1932~   전 연기군수. 장관과 도지사가 주도한 관권 선거를 폭로했다.

"어떻게 내가
그런 사람이 되었을까?
저도 설명이 잘 안 됐어요."

세상과 사람이 어떻게 생겨났는지를 설명하는 수많은 설화와 신화가 있지만 그 가운데 가장 널리 알려진 건 역시 성경의 창세기일 것이다. 창세기에 따르면 5일 동안 세상을 창조한 신은 6일째 날 인간을 만든다. 처음 만든 건 남자인 아담이고, 그의 갈빗대로 여자인 하와를 만든다. 둘은 짝을 지어 에덴동산에서 즐겁게 지낸다.

그러던 어느 날 그들에게 유혹이 닥친다. 선악과의 유혹이다.

"모든 것을 다 먹어도 되지만 그것만은 먹지 마라."

간교한 뱀은 에덴동산 한가운데 있던 선악과나무에서 열매를 따 먹으라며 하와를 꼬드긴다. 하와는 "그 나무를 본즉 먹음직도 하고 보암직도 하고 지혜롭게 할 만큼 탐스럽기도 한 나무인지라" 그 열매를 따 먹는다. 그리고 아담에게도 과일을 내민다. '공범의식'이 발동한 것이다.

혼자서만 죄짓기란 쉬운 일이 아니다. 슬픔은 나누면 반이 된다지

　　　　　　　　　　　　　　　　양심을 지킨 사람들

만 죄책감도 나누면 반이 되고, 3분의 1이 되고, 4분의 1이 된다. 그리고 100명이 나누면 100분의 1로 줄어든다. 그래서 선생님에게 혼나는 아이는 누구누구도 함께했다고 볼멘소리를 하게 마련이다. 어쩌면 에덴동산의 하와로부터 유구하게 전해 내려왔다 할 이 공범의식의 최종 목표는 죄의식의 소멸이다. 함께 죄를 짓고 죄책감을 잘게 나눠 죄의식을 증발시켜 버리고 오히려 그 일을 당연시하는 것이다. 도둑질을 하면서 "나만 하는 것도 아닌데 뭐. 난 조금밖에 안 훔쳤어." 하며 합리화하고 "도둑맞는 놈도 바보야!" 하며 되레 도둑이 매를 드는 상황이랄까.

그런데 선악과를 먹고 인간의 눈이 밝아지면서 인간에게 들이닥친 또 다른 감정도 있다. 바로 부끄러움이다. 아담과 하와는 신의 뜻을 어겼다는 사실에 두려워하고, 자신들의 치부를 부끄러워한다.

인류 역사에는 자신의 죄에 대해 부끄러움을 느끼는 인간이 늘 있어 왔다. 자신이 몸담은 조직의 비리를 폭로한 양심선언자들 역시 부끄러움을 아는 인간이었다. 그리고 1990년대 초반, 오랜 군사 독재가 막을 내리고 민주주의 시대로 진입했지만 과거의 터널에서 완전히 벗어나지는 못했던 그 시절의 대한민국에는 이런 인물들이 자주 등장한다.

감사원의 비밀을 밝힌 이문옥

90년대 양심선언 역사의 시작은 1990년 5월 11일자 〈한겨레〉를 통해 이문옥 감사관이 재벌들의 위법 행위와 감사원의 은폐 사실을 폭로한 것이다. 당시 이 감사관은 "23개 재벌 계열사의 비업무용 부동산 보유 비율이 43퍼센트로 드러났는데도 업계의 로비에 따라 상부의 지시로 감사가 중단됐다."는 내용을 신문에 제보했다. '감사원(監査院)'이란 글자 그대로 '감독'하고 '조사'하는 기관인데, 그 기관이 "상부의 지시"에 의해 마땅히 해야 할 일을 하지 못했다는 것이었다. 이 제보는 엄청난 파란을 불러일으킨다.

말할 것도 없이 감사원은 발칵 뒤집혔다. 감사원은 이문옥에게 스스로의 죄를 인정하는 각서를 쓰라며 윽박지르고 사직서를 요구했다. 가재는 게 편이라고, 대검찰청 중앙수사부도 칼을 빼들었다. 이문옥의 구속 영장을 청구한 것이다. "실제 내용과 크게 다른 자료를 언론 기관에 유출하여 정부의 공신력을 떨어뜨렸다."는 것이 구속 이유였는데, 정작 혐의는 '공무상 비밀 누설죄'였다.

소련 시절에 유행하던 농담이 하나 있다. 크렘린 궁전 앞 붉은 광장에서 "서기장 각하는 바보다!"라고 외친 시민이 체포됐는데, 체포된 이유가 '국가 원수 모독죄'도 아니고 '서기장 명예 훼손죄'도 아닌 '국가기밀 누설죄'였다는 농담이다. 우습게도 이 이야기는 이문옥의 경우에 딱 맞아떨어진다. 그가 폭로한 내용이 사실임을 인정한 꼴이 된 것이다. 감사원과 정부와 재벌은 그 '비밀'을 지키기 위해 힘을 모은다.

부정한 권력에 이의를 제기한 대가는 혹독했다. 이문옥은 구속되었고, 직장을 잃었으며, 평생을 함께해 온 동료들로부터 따돌림을 당했다. 심지어 친척들까지 그를 외면했다. '배신자'라는 이유였다. 그들은 이문옥이 어둠의 질서에 합류하지 않은 것을 '배신'이라고 했다. 이후 이문옥은 6년간의 법정 투쟁 끝에 1996년 무죄 확정 판결을 받고, 같은 해에 파면 처분 청구 소송에서 승소하여 감사원으로 복직한다.

군의 선거 부정을 폭로한 이지문

제14대 총선을 이틀 앞둔 1992년 3월 22일 밤, 종로6가의 공명선거실천시민운동협의회 사무실에 멀끔하게 생긴 육군 중위가 나타났다. 그는 자신을 백마부대 소대장 이지문이라고 밝혔다. 그리고 곧 놀라운 이야기를 쏟아 냈다. 군부재자 공개 기표, 중간 검표 등 군대 안에서 벌어진 부정 선거에 관한 양심선언이었다. 그는 그 자리에서 기자회견을 열고 민주주의의 압살을 고발했다.

"여당 후보를 지지할 것과 공개 투표를 강요했습니다. (중략) 장래에 대한 불안으로 적잖은 갈등을 느끼고 있고 무엇보다 동료, 선배 장교들에게 돌아갈 불이익 때문에 가슴이 아픕니다."

이지문 중위는 이른바 운동권도 아니었다. 튀는 성격도, 덤비는 성격도 아니고 오히려 내성적인 편이었다. 그런 그가 어떻게 군대 안의 선거 부정이라는 '공공연한 비밀'을 세상에 폭로하게 되었을까. 잡지《길》에서 이지문은 이렇게 이야기한다.

"어떻게 내가 그런 사람이 되었을까? 저도 설명이 잘 안 됐어요. 그런데 작년에 대전에서 밤차를 타고 올라오다가 '아마 내가 처한 상황이 이런 경우가 아니었을까.' 하는 생각을 했어요. 바로 앞자리에 여자가 하나 있었는데 술 취한 남자 둘이 그 여자 옆자리에 앉아 자꾸 치근덕 대는 거예요. 그래서 할 수 없이 내가 자리를 바꿔 주었지요. 그러고 나니 이 술 취한 사람들이 행패를 부릴까 봐 은근히 겁이 나데요. 싸움을 잘하는 것도 아니고, 내가 다른 자리에만 있었으면 아마 가만히 있어도 됐을 겁니다. 부정선거 고발도 바로 그런 일이었던 것 같습니다."

이지문이 처음부터 다른 자리에 앉아 있었다면 아무것도 하지 않았을지도 모른다. 그가 곧 제대할 육군 병장이었다면 양심선언은 없었을 수도 있다는 말이다. 1번 후보를 찍은 투표용지를 연대장에게 보여 주고 "이 병장 제대 며칠 안 남았지? 말년 휴가에 특박 더 끊어 줄까?" 하는 자상한 배려를 받으면 됐을 것이다. 하지만 이지문은 장교였다. '충성', '명예', '단결'을 부르짖는 대한민국 육군 장교였던 것이다. 이지문은 군대 안에서 이루어진 그 행위가 누구에 대한 '충성'인지, 얼마나 군의 '명예'를 떨어뜨리는 일인지, 이 '단결' 아닌 담합이 무엇을 위한 것인지 의심했다.

대한민국 국방부는 똘똘 뭉쳐 이지문에 맞선다. 전 부대원 수백 명의 연대 서명을 받아 "그런 일 없음."을 주장하고 나선 것이다. 결국 이지문은 갖가지 혐의를 뒤집어쓰고 이등병으로 불명예 제대한다. 확정되어 있던 대기업 입사도 취소된다.

그러나 뒤이어 익명의 제보들이 쏟아져 나오고 국군 통신사령부 이원섭 일병이 이지문 중위의 주장을 뒷받침하면서 국방부도 그가 폭로한 내용이 사실임을 인정한다. 이 사건이 있은 뒤 국회는 원칙적으로 모든 장병이 병영 밖에서 부재자투표를 하도록 선거법을 고쳤고, 이지문은 이후 소송을 통해 중위 계급을 되찾는다.

이지문의 양심선언에 힘을 실어 주는 사람들도 있었지만, 본의 아니게 양심을 저버린 사람도 많았다. 이지문의 직속상관인 중대장은 정의와 명예를 목숨같이 여기는 육사 출신의 전형적인 군인이었다. 그 중대장은 선거와 관련하여 정신교육을 하다 말고 뒤돌아서서 눈물을 보이기도 했는데, 그러면서도 "1번을 찍어 달라." 말하고 내무반을 황급히 떠났다고 한다. 이지문이 양심선언 후 중대장과 헌병대에서 마주했을 때 중대장은 이렇게 말하기도 했다.

"나는 네 일이 있기 전부터 정신교육을 시키지 않아서 연대, 사단, 나아가 군단에서까지 찍혀 있는 사람이다. 그러니 너로 인해 더 큰 피해를 입을 것은 없다. 드레퓌스 사건(19세기 말 프랑스에서 유대인 사관 드레퓌스가 간첩 혐의로 종신형을 선고받았다가 풀려난 사건)에서 보듯이 진실은 언젠가 밝혀진다."

그러나 이 멋진 장교는 기자들이 "이지문 중위의 말이 전혀 사실이 아니냐?"고 캐물었을 때 "그렇게 말할 수는 없지만"이라고 입을 떼고서도 결국에는 "내성적인 성격 탓에 사물의 부정적 측면만을 집중적으로 예리하게 바라본 듯하다."는 엉뚱한 답변을 뱉는다. 끝내 자신이 소중히 여기던 명예에 어긋나는 행동을 하고 만 것이다.

하지만 이지문 중위는 그를 원망하지 않는다고 말한다. 그리고 나역시 그를 비난할 마음이 들지 않는다. 이지문의 증언 속 그 중대장이라면 맘에 없는 말을 하고 뒤돌아서서 땅을 치며 통곡했을 가능성이 크기 때문이다. 그리고 그 모습은 그때나 지금이나 이 세상을 살아가는 보통 사람들의 가장 일반적인 모습일 수 있다. 조직에 소속되어 그곳에서 생계를 해결하고 사회적으로 살아남아야 하는 우리의 모습일 수 있다.

관권 선거를 고발한 한준수

우여곡절 끝에 치러진 제14대 총선 결과는 절묘했다. 당시 집권 여당인 민주자유당(민자당)이 299석 가운데 149석을 차지했으나 야당과 무소속을 합친 150석에 한 석 뒤진 것이다. 여당과 정부는 이지문의 양심선언도 무시한 채 "유례없는 공정선거의 결과"라고 자화자찬한다. 그렇게 반성은커녕 뻔뻔하게 굴던 정부는 1992년 8월 31일, 또 한 번 망신을 당한다.

집권 여당에 망신을 준 장본인은 충남 연기군의 군수 한준수이다. 청와대 총무수석을 지낸 사람이 여당 소속으로 제14대 총선에서 연기 지역에 출마하자 당시 내무부 장관과 충남도지사가 직접 나서서 군수 이하 이장까지의 행정 조직을 총동원한 관권 선거를 감행했다며 양심선언을 한 것이다. 한준수는 내무부 장관이 "직을 걸고 여당 후보를 당선시켜라."라고 지시했다고 밝혔다. 공무원의 정치적 중립성을 강조해야 할 최고 책임자가 대놓고 여당 후보를 당선시키라고 지시한 것이다.

정부로서는 뒤집어질 일이었다. 혈기왕성한 육군 중위가 정의감을 발휘한 건 그렇다고 쳐도, 수십 년간 공무원으로 일한 현직 군수가 관권 선거를 고발하고 그 증거까지 쏟아 놓는 건 충격이었다. 투표 성향을 표시한 유권자 명부, 금품 매수 실태가 담긴 서류는 물론 도지사가 발행한 수표 사본까지 들이미니 환장할 노릇이었다. 이지문 중위 때처럼 병사들을 모아 교육시켜서 없었던 일로 만들 수도 없었다. 결국 국회의원 선거관리법 위반 혐의로 세 명이 입건된다. 그 세 사람은 충남도지사, 여당 후보, 그리고 한준수였다.

그들 가운데 가장 큰 처벌을 받은 이는 한준수다. 공무원들이 가장 두려워한다는 파면은 물론이고, 이유야 어쨌든 공무원이 선거에 개입해 금품을 나눠 줬다는 것을 근거 삼아 1995년 대법원 판결로 징역 8월에 집행유예 1년형을 선고받는다. 한준수가 집권 여당의 비민주적인 행태와 관권 개입 사실을 폭로한 양심선언자라는 것은 완벽하게 무시됐다. 반면에 한준수에게 부정 선거를 지시한 충남도지사는 징역 8월에 집행유예 1년형을, 부정 선거를 저지른 여당 후보는 징역 6월에 집행유예 1년형을 선고받는다.

이후 세 사람은 모두 사면, 복권된다. 그러나 한준수의 징계 파면은 그대로 남는다. 2004년 민주화운동심의위원회는 그의 행적을 민주화운동으로 인정하고, 행정안전부에 그의 복직을 권유한다. 그러나 행정안전부 장관은 이를 거부했고, 2009년 법원은 한준수의 행위가 민주화운동으로 인정되었다 해도 위법 사실을 부인할 수는 없다며 끝내 그의 명예 회복을 좌절시켰다.

1960년 공직에 몸담은 한준수는 양심선언을 하기 이전인 1974년 충남도지사의 부당한 지시를 거부했다가 직위 해제된 뒤 행정 소송을 벌어 복귀한, 사연 많고 강직한 공무원이었다. 그 때문에 동기들보다 출세도 늦어 공직 생활 30년 만에야 서기관에 올라 군수가 된다. 그리고 1992년 양심선언으로 그의 삶은 다시 요동친다. 공직 사회의 배신자, 이단아가 되어 고초를 겪었고, 가족 역시 힘겨운 날을 보내야 했다. 심지어 법원에서 경찰과 몸싸움을 벌이던 아내는 경찰에게 두들겨 맞아 갈빗대가 부러졌고, 그 후유증으로 심장병을 얻어 세상을 뜬다. 한준수가 자신을 희생해 관권 선거에 마침표를 찍겠다고 했을 때 박수 치며 그 용기를 북돋아 주던 아내였다.

양심을 지킨 사람들

자신이 몸담은 곳의 문제점을 드러내고 자신을 믿어 준 사람의 죄를 들추는 것을 '배신'이라 부를 수도 있다. 아니, 실제로 수많은 사람이 그렇게 부른다. 그러나 과연 누가 진짜 배신자일까. 죄를 짓고, 자신의 통제 아래 있는 이들을 공범으로 만들고, 사회로부터 받은 신뢰와 권한을 오용하고 남용한 사람이야말로 배신자가 아닐까.

　나는, 우리는, 그리고 우리 사회는 양심을 지킨 수많은 사람에게 빚을 지고 있다. 그들이 탐욕과 불의의 단결을 깨고 "이건 아닙니다!"라고 부르짖었기에, "왜 이렇게 해야 합니까?"라고 따져 물었기에 세상은 조금이나마 바뀔 수 있었다. 자신에게 돌아올 피해를 감수하면서 양심을 지켜 준 덕분에 우리는 좀 더 나은 세상을 바라보게 되었다.

23년 전 이지문 중위는 이런 기대를 남겼다.

"(저는 떠나고) 중대장님과 동료 장교들, 그리고 우리 소대 사병들은 군에 남아 있게 되었지만, 어떤 곳에서 어떤 일을 하든지, 그리고 각자 사회를 보는 눈이 다르다 하더라도 자신의 일에 충실하고 양심적이면 항상 같이 있다는 생각을 갖게 될 것입니다."

오늘날 우리는 과연 그 기대에 부응하고 있을까? 그 시절 이지문 중위에게, 이문옥 감사관에게, 그 외 모든 양심선언자에게 "우리가 이렇게 훌륭한 세상에 살고 있는 건 당신들 덕분입니다."라고 말할 수 있을 만큼 세상은 좋아졌을까? 양심상 대답은 "아니요."다. 아직도 이 세상에는 불의에 맞설 용기가 필요하고 앞으로도 그럴 것이다. 어쩌면 그런 날이 오지 않을지도 모른다. 인간이란 불완전한 존재이고, 욕심은 끝이 없으며, 양심은 쉽게 무뎌지는 법이니까.

양심을 지킨 사람들이 수없이 있었다 해도 그게 다 무슨 소용이냐고, 결국 바뀌는 건 없지 않느냐고 한숨짓는다면 나는 고개를 저을 것이다. 세상은 아직 여기까지밖에 오지 못했지만, 그들 덕분에 여기까지라도 온 것일 테니까. 칠흑 같은 어둠이 온다 해도 누군가는 그들처럼 양심의 성냥을 그을 테니까. 우리 역사가 계속되는 한 불의에 맞서는 사람들의 목소리는 결코 끊이지 않을 테니까.

더 읽어 보면 좋은 책들

《10대와 통하는 한국 전쟁 이야기》
이임하 지음
철수와영희, 2013

남한과 북한이 뿌린 전단을 통해 6.25 전쟁의 원인과 과정, 영향 등을 정리한 책입니다. 청소년의 눈높이에 맞춰 6.25 전쟁을 설명하고 평화의 관점에서 분석합니다.

《고대 동아시아 세계대전》
서영교 지음
글항아리, 2015

612년부터 676년까지 고대 동아시아 대륙에서 일어난 전쟁의 역사를 정리한 책입니다. 동아시아 전쟁이 삼국의 역사에 어떤 영향을 미쳤는지 알 수 있습니다.

**《교과서에 나오는
한국사 인물 이야기》**
윤희진 지음
책과함께, 2006

중고등학교 교과서에서 뽑은 한국사의 중요한 인물 100여 명을 고대부터 현대까지 시대순으로 소개합니다. 간신, 친일파 등 문제적 인물들도 다룹니다.

《나는 조선의 총구다》
이상국 지음
세창미디어, 2012

독립운동가 남자현 평전입니다. 남자현에 관한 다양한 기록, 후손들과의 인터뷰 등 수많은 자료를 바탕으로 남자현의 삶을 재구성합니다.

《돌베개》
장준하 지음
돌베개, 2015

장준하의 자서전입니다. 학도병으로 일본군에 지원했다가 탈출해 광복군으로 활동하기까지의 대장정을 그립니다.

《박시백의 조선왕조실록》(전20권)
박시백 지음
휴머니스트, 2015

조선왕조 500년의 역사를, 철저한 고증을 거친 만화로 쉽고 재미있게 공부할 수 있습니다.

양심을 지킨 사람들

《벽광나치오》

안대회 지음
휴머니스트, 2011

한 가지 일에 광적으로 빠져 전문가가 된 18세기 조선의 인물을 소개합니다. 가객 김성기를 비롯해 화가 최북, 여행가 정란 등 11명의 이야기가 담겨 있습니다.

《삼국사기》

김부식 지음, 김아리 엮음
돌베개, 2012

우리나라에 현전하는 가장 오래된 역사서인 《삼국사기》를 쉽게 풀어 쓴 책입니다. 흥미진진한 옛이야기를 통해 삼국 시대 역사를 재미있게 이해할 수 있습니다.

《유신》

한홍구 지음
한겨레출판, 2014

박정희 유신 시대를 역사적으로 분석한 책입니다. 박정희가 어떻게 헌정을 파괴하고 국민 위에 군림했는지, 독재 정권이 어떻게 민주주의를 파괴했는지 알 수 있습니다.

《전태일 평전》

조영래 지음
아름다운전태일, 2009

인권변호사 조영래가 쓴 전태일 평전입니다. 한국 노동운동의 한 획을 그은 전태일의 삶뿐만 아니라 노동자 인권에 대한 조영래의 생각도 엿볼 수 있습니다.

《한국 근대사 산책》(전10권)

강준만 지음
인물과사상사, 2008

개화기부터 일제 강점기까지의 역사를 다룹니다. 신문기사, 칼럼 등 다양한 자료를 인용하며 근대에 일어난 여러 사건을 객관적으로 살펴봅니다.

교과 연계표

양심을 지킨 사람들

고등학교 한국사	2장 삼국과 남북국의 발전
	4장 조선의 성립과 발전
	5장 조선 후기의 사회 변동
	9장 동학 농민 운동과 갑오개혁
	10장 대한 제국과 국권 수호 운동
	14장 1920년대 국내외 민족 운동
	16장 1930~1940년대 국내외 민족 운동
	17장 광복과 통일 정부 수립 노력
	18장 대한민국 정부의 수립과 6.25 전쟁
	19장 민주주의의 발전

2015년 교과서 기준

찾아보기

양심을 지킨 사람들

양심을 지킨 사람들